커뮤니케이션 핵심 이론

커뮤니케이션이해총서

급변하는 커뮤니케이션 환경 속에서 커뮤니케이션 지식에 대한 욕구가 높아지고 있습니다. 하나의 커뮤니케이션 주제를 10개 항목으로 묶어서 달걀 꾸러미처럼 엮었습니다. 다양한 커뮤니케이션 지식을 쉽게 알고자 하는 대중이나 새로운 커뮤니케이션 지식을 단시간에 알고자 하는 연구자, 실무자, 학생에게 도움이 되는 책입니다.

편집자 일러두기

- 이 책은 『커뮤니케이션 핵심 이론』(오미영 · 정인숙 공저)에서 매스커뮤니케이션 이론 부분의 내용을 토대로 재구성한 것입니다.
- 외래어 표기는 현행 한글어문규정의 외래어표기법을 따랐습니다.
- 이 책에 실린 삽화는 이근명 화백이 그렸습니다.

커뮤니케이션이해총서

커뮤니케이션 핵심 이론

정인숙

대한민국, 서울, 커뮤니케이션북스, 2013

커뮤니케이션 핵심 이론

지은이 정인숙
펴낸이 박영률

초판 1쇄 펴낸날 2013년 2월 25일
초판 2쇄 펴낸날 2022년 11월 1일

커뮤니케이션북스(주)
출판 등록 2007년 8월 17일 제313-2007-000166호
02880 서울시 성북구 성북로 5-11
전화(02) 7474 001, 팩스(02) 736 5047
commbooks@commbooks.com
www.commbooks.com

CommunicationBooks Inc.
5-11, Seongbuk-ro
Seongbuk-gu, Seoul, 02880, KOREA
phone 82 2 7474 001, fax 82 2 736 5047

ISBN 978-89-6680-871-7

책값은 뒤표지에 있습니다.

커뮤니케이션 이해를 돕는 이론들

흔히 이론에 대해서는 '어렵다', '간단한 내용을 복잡하게 설명한다', '현실과 동떨어져 있다' 등의 선입견을 가지기 쉽다. 그러나 어떤 이론의 핵심 골자를 잘 이해하고 있으면 현실을 이해하는 데 많은 도움이 된다. 이론은 우리가 접하는 복잡한 현실에 대해 학자들이 충분히 검증해 간단 명료하게 설명해 놓은 틀이기 때문이다.

예를 들면, "드라마는 왜 볼까?", "재미있으니까", "뉴스는 왜 보니?", "세상 돌아가는 것 좀 알려고"라고 문답한다면, 이는 일상적인 대화의 수준이라고 할 수 있다. 반면에 학자들은 이러한 질문에 대해 실험과 조사 등을 통해 다각적인 검증을 거쳐 결론을 도출하게 된다. 이를테면 사람들의 미디어 이용은 욕구 → 동기 → 모티베이션 → 행위 → 충족이라는 5단계 과정을 거쳐 이루어진다는 등의 보다 체계화된 답을 얻게 된다. 그리고 이 같은 과정에 대한 설명은 '이용과 충족 이론'이라는 체계화된 이론으로 제시된다. 이렇게 정립된 이론 틀을 가지고 일반인들은 다시 현상을 이해하는 도구로 활용하게 되고, 시간이 흐르면서 현실이 이론과 맞지 않게 되면 이론은 다시 수정되어 재구성되기도 한다.

이론이 현실을 제대로 설명해 내지 못하는 측면도 있지만, 여기에 소개하는 매스 커뮤니케이션 이론 10가지는 커뮤니케이션학 분야에서 가장 많이 소개되고 있는 이론으로, 커뮤니케이션을 전공하는 학생들이나 일반인들이 관련 현상을 이해하고 분석하는 데 유용하게 활용할 수 있을 것이다. 매스 미디어가 사회적으로 미치는 긍정적 · 부정적 효과나, 수용자들이 매스 미디어로부터 받는 다양한 영향에 대해 체계적으로 이해할 수 있는 준거 틀을 제공해 주기 때문이다.

핵심 이론 10가지 선정 기준

이 책은 『커뮤니케이션 핵심 이론』(오미영 · 정인숙 공저)에서 소개한 매스커뮤니케이션 이론 10가지를 핵심적인 내용을 중심으로 기술한 것이다. 이론의 선정 기준은 매스 미디어의 효과라는 차원에 초점을 맞추었다. 지금까지 효과 이론들에서는 효과가 큰가 작은가에 따라 대효과 이론(1920～1940년대 중반) → 제한 효과 이론(1940년대 중반～1960년대) → 중효과 이론(1960년대～1970년대 중반) → 강력 효과 이론(1970년대 중반 이후) 등으로 이어지는 효과 패러다임이 가장 잘 알려져 있다고 할 수 있다.

그중에서도 매스 미디어의 사회적 영향력을 설명해 주는 이론들이면서, 자주 인용되는 이른바 핵심 이론들을 주로 선택했다. 1956년부터 2000년까지 매스 커뮤니케이션 분야의 '빅3' 저널(JMCQ: Journalism & Mass Communication Quarterly, JOC: Journal of Communication, JOBEM; Journal of Broadcasting & Electronic Media)에 게재된 논문 1806편을 대상으로 어떤 이론들이 가장 많이 인용되고 있는가를 내용 분석한 흥미 있는 연구 결과가 JOC에 게재되었다. 그 내용을 살펴보면, 600개의 이론과 과학적 패러다임 중 10번 이상 인용된 '상위 26개' 이론이 있다. 예를 들면 '의제 설정 이론'과 '이용과 충족 이론'이 각각 61회 인용되어 1위를 차지하고 있으며, 다음이 '배양 이론'(56회), '사회적 학습 이론'(34회), '마르크시즘'(34회), '확산 이론'(24회), '매클루언 이론'(23회) 등의 순으로 나타났다. 이와 같은 이론의 비중과 트렌드를 고려해 1959년 이후에 등장한 핵심 이론 중에서 다음과 같이 10개 이론을 주출했다.

1. 미디어 결정론
2. 이용과 충족 이론

3. 미디어 의존 이론
4. 의제 설정 이론
5. 배양 이론
6. 문화 연구
7. 침묵의 나선 이론
8. 틀짓기 이론
9. 뉴미디어의 이용과 채택 이론
10. 지식 격차 이론

각 이론들의 구성이 순차적 연관성을 갖고 있는 것은 아니지만, 첫 번째 이론을 미디어 결정론으로 시작한 것은 나름대로 이유가 있다. 미디어 결정론은 커뮤니케이션 테크놀로지 발달에 의해 초래되는 사회의 변화를 설명하는 이론이라는 점에서 최근의 다양한 뉴미디어 발달과 그에 따른 매스 커뮤니케이션 현상을 이해할 수 있는 준거 틀이 되기 때문이다.

10가지 핵심 이론의 개요

첫째, '미디어 결정론'은 간단히 말해서 커뮤니케이션 테크놀로지인 미디어가 사회 변화를 이끄는 견인차 역할을 한다는 이론이다. 때문에 흔히 '기술 결정론(technological determinism)'이라고도 부르며, 기술이 아닌 문화(인본적 지성)가 사회 변화를 주도한다는 '문화 결정론(cultural determinism)'과 대척점을 이루고 있다. 캐나다가 낳은 대표적 커뮤니케이션 학자이자 '미디어 결정론'의 대가인 헤롤드 이니스(Herold Innis)와 마셜 매클루언(Marshall McLuhan)이 1940년대부터 1970년대까지 발전시킨 이론이다.

'미디어 결정론'은 매스 미디어와 사회 또는 개인의 관계를 보여 주는 이론적 독창성과 거시적 차원의 설명력은 있지만 이론으로서 가지는 방법론적 엄밀성이 약한 것이 단점이다. 이론에서 설명하고 있는 주요 개념에 대한 정의가 분명하지 않고, 변인 간 연관성도 충분하지 않으며, 경험적 증명이 쉽지 않기 때문이다.

둘째, '이용과 충족 이론(Uses and Gratifications Theory)'의 골자는 ① 왜 사람들은 미디어를 이용하며 ② 미디어를 이용하도록 사람들에게 동기부여하는 것은 무엇이며 ③ 그로 인해 충족되는 것은 무엇인가를 설명하는 이론이다. 이 이론은 수용자의 미디어 이용 욕구와 동기를 설명해 주고 있기 때문에 매스 커뮤니케이션 이론 중에서 가장 폭넓게 적용되고 있으며, 국내에서도 TV 시청자 조사나 광고 이용 행태 조사 등에서 활용하고 있다. 1973년

엘리우 카츠, 제이 블럼러, 마이클 구레비치 등이 제기한 이 이론은 다음과 같은 전제에서 출발하고 있다(E. Katz, E., Jay G. Blumler, Michael Gurevitch, 1973).

- 수용자는 능동적이고, 그들의 미디어 이용은 목적 지향적이다.
- 미디어는 욕구 충족 면에서 다른 미디어와 경쟁한다.
- 사람들은 자신의 미디어 이용, 관심, 동기에 대해 충분히 인식하고 있다.
- 특정 미디어나 내용을 욕구와 연결시키는 가치판단은 사람마다 다르다.

셋째, '미디어 의존 이론(Media Systems Dependency Theory: MSD)'은 1976년 산드라 볼로키치(Sandra J. Ball-Rokeach)와 멜빈 드플로(Melvin J. DeFleur)가 개발한 이론으로서, 미디어, 개인, 그리고 사회적 환경이 모두 상호 의존적 관계(dependency relationships)를 형성하고 있다고 설명한다. 사람들이 미디어 이용에 의해 충족되는 욕구에 의존하면 할수록 미디어가 사람들의 생활에 미치는 역할은 더욱 중요해지고, 그렇게 되면 미디어의 영향력은 더욱 커지게 된다는 설명이다.

'미디어 의존 이론'은 구성 요소들 간 의존 관계를 설명하고 있다. 여기서 의존이란 '어느 한 요소의 욕구 만족이나 목표 성취가 다른 한편의 그것과 연관되어 있는 관계'를 의미한다. '미디어 의존 이론'에서는 여러 가지 체계의 구성 요소를 세 가지 단계로 나눈다. 사회적 환경이나 미디어 체계와 같은 '거시적 단계(macro level)', 사회적 환경 내에서 특정한 목표와 위치를 가지는 개인 차원의 '미시적 단계(micro level)', 그리고 대인 간 네트워크의 단계인 '중시적 단계(meso level)'가 그것이다. '미디어 의존 이론'은 이 중에서도 개인이 미디어 체계에 대한 의존을 확대하거나 감소하게 되는 '거시적 단계'에 초점을 맞추고 있다.

넷째, '의제 설정 이론(Agenda Setting Theory)'은 매스미디어가 반복된 뉴스 보도를 통해 공중의 마음에 이슈의 중요성을 부과하는 능력이 있다고 주장하는 이론이다. 즉, 특정 주제에 대해 미디어가 주목하고 많이 다루게 되면 실세와 무관하게 공중이 그 이슈를 중요하게 평가하도록 한다는 것이다. 맥스웰 매콤과 도널드 쇼(Maxwell E. McCombs & Donald L. Shaw, 1972)가 처음 제기한 '의제 설정 이론'은 커뮤니케이션 연구 역사에서 상당히 오래된 이론에 속할 뿐만 아니라 전 세계적으로 수백 편의 연구가 행해질 만큼 이론의 체계성과 적용 가능성이 높은 이론으로 평가받고 있다. 그뿐만 아니라 지난 수십 년간 커뮤니케이션 분야에서 나온 연구나 개념들의 진실을 뒷받침하는 이론으로도 재평가받고 있다.

다섯째, '배양 이론(cultivation theory)'은 대중매체의 현실 구성 효과를 설명하는 이론으로서 '문화 규범 이론(cultural norm theory)'이라고도 불린다. 1960년대 이전의 효과 연구들이 태도의 변화 등 단기 효과에 치중했다면 배양 이론은 텔레비전 시청의 장기적이며 이념적인 효과에 초점을 맞춘다는 점이 특징이다(Shanahan & Morgan, 1999). 커뮤니케이션학의 제 이론 중에서 '의제 설정 이론'과 더불어 가장 폭넓은 영향력을 가진 이론이면서 한편으로는 비판적 논란을 일으켜 온 이론이기도 하다. 펜실베이니아대학교 애넌버그(Annenberg) 커뮤니케이션 스쿨의 조지 거브너(George Gerbner) 교수가 개발했다.

거브너는 배양 효과가 실제로 어떤 과정을 거쳐 나타나는가를 '주류화(mainstreaming)'와 '공명(resonance)'이라는 개념으로 설명했다. '주류화'는 TV가 계발시키는 경향이 있는 그 어떤 것의 공통성을 말한다. 다시 말해서 TV가 등장하기 이전에는 사람들의 생각이 그다지 획일적이지 않았으나, TV와 같은 대중매체가 비슷비슷한 내용을 유사한 이미지로 거듭 보여 주면서 획일적 이미지를 형성하게 된다는 것이다. 거브너는 이 같은 주류화가 TV의 3B(Blurring, Blending, Bending) 과정을 통해 일어난다고 설명한다. 즉, 중(重)시청자들은 경계의 흐림, 혼합, 왜곡 과정을 거쳐 TV의 세계를 실제 세계인 양 받아들이게 된다는 것이다.

여섯째, '문화연구(Cultural Studies)'다. 문화연구의 가장 중요한 업적은 무엇보다 일상생활을 주요 연구 대상으로 부각시킨 점이다. '일상적인 것이 정치적인 것이다' 혹은 '문화는 평범한 것이다'라는 명제에서 출발하여 거대 담론이 간과했던 일상생활의 영역을 '문화'로 보고, 그것을 실천적인 연구 과제로 부각시켰다. '문화 연구'에서 문화란 단순히 고상한 예술이나 지식만을 의미하는 것이 아니라 우리의 일상생활 곳곳에 영향을 미치는 다양한 의미를 내포하고 있다.

'문화 연구'는 미디어에 대한 비판적 시각을 견지했던 유럽의 학문 전통과 닿아 있다. 미국의 매스컴 연구자들이 매스 미디어의 효과 연구에 치중하고 있을 때 유럽의 커뮤니케이션 연구 경향은 특정 미디어의 효과보다는 광범위한 문화적 주제에 관심을 갖기 시작했다. '마르크시즘', '대중사회 이론', '프랑크푸르트학파의 비판 이론' 등이 그것이다. 유럽의 학문 전통이 거대 담론을 가져왔던

'거대 사회 이론(grand social theory)'에 근거하고 있다면, 미국은 실증주의에 입각해 증명된 사례들을 모아 집대성한 중(重)범위 이론의 전통을 가지고 있다고 할 수 있다.

'문화 연구'는 1960년대 초 영국 신좌파의 이론적 입장을 배경으로 전통적인 마르크스주의의 한계를 넘어 대안적인 사회 분석의 틀을 찾고자 한 이론 틀로서 문화주의라고도 불리지만, 엄밀하게 말해서 특정한 이즘(주의)을 경계로 하고 있기 때문에 그다지 적절한 표현은 아니다.

일곱째, '침묵의 나선 이론(Spiral of Silence Theory)'은 독일의 여성 커뮤니케이션 학자 엘리자베트 노엘레 노이만(Elisabeth Neolle-Neumann, 1974/1980)이 주장한 여론 형성 이론으로서, 우리나라에서도 매우 대중화한 이론이다. 이 이론의 핵심 내용은, 사람들은 새로운 생각에 당면했을 때 각자 재빠른 판단을 하는데(quick check, or quick assesment), 사람들이 가지고 있는 유사 통계적 감각기관(a quasi-statistical sense organ)에 의해 자신이 판단한 생각이 그 의견을 지지하는 것이면 더욱 자신 있게 말하고, 그렇지 않으면 침묵해 양방의 결속이 '침묵의 나선 효과'를 가져온다는 것이다.

노엘레 노이만의 이론은 뉴스 매체의 역할과 여론 형성 과정을 연결했다는 점에서 매우 역동적인 모델로 평가받는다. 그러나 '의견 분위기(opinion climate)'를 형성하는 데서 매스 미디어의 역할과 침묵의 나선과 같은 개념은 사실상 새로운 것은 아니다. 다만 그것들을 보다 광범위한 여론 이론으로 통합했다는 점에서 주목을 받는다. 매스 미디어가 개인을 둘러싼 의견의 분위기를 형성하는 데 탁월한 역할을 하고 있다는 점에 주목함으로써 당시 '제한 효과 패러다임'에 머무르던 매스 미디어의 역할을 '강효과 패러다임'으로 회귀시킨 것이다.

'침묵의 나선 이론'은 매스 미디어의 강력 효과를 주장하는 이론들인 '의제 설정 이론'이나 '배양 이론'과 같은 연장선상에 있는 이론이다. '침묵의 나선 이론'은 의제 설정 이론과 비슷하나 보다 거시적인 이론으로서 장기적 효과를 중시하고 있다. 그리고 개인들은 의견을 갖고 있다는 것이 '침묵의 나선 이론'의 제1의 전제라고 할 수 있다.

여덟째, 사회학자 어빙 고프먼(Erving Goffman, 1974)이 주창한 '틀짓기 이론(Framing Theory)'은 틀짓기를 사물에 대한 관찰과 이해 과정, 즉 경험의 조직화 과정이라고 정의하고 있다. 사람마다 사물을 바라보거나 해석할 때 사용하는 준거 틀과 이해방식이 다르며, 누구나 적극적으로 자신의 가치와 관점을 이용해 세상을 이해한다는 것이다.

'미디어 틀짓기(media framing)'는 매스 미디어가 현실의 어떤 측면을 선택하고 강조하고 수용자에게 설명하는 반면, 다른 것은 소홀히 하고 무시하는 보도 성향을 일컫는다. 로버트 엔트만(Robert Entman, 1993)은 뉴스 수집은 곧 틀짓기라고 결론을 내린다. 왜냐하면 뉴스 수집이란 ① 인지된 현실의 어떤 측면을 선택하고 ② 그것에 초점을 맞추고 ③ 그것들을 특정한 문제의 형태로 발전시킬 수 있는 방식으로 커뮤니케이션하고 ④ 그 원인을 해석하고 ⑤ 도덕적 판단을 내리고 ⑥ 기술한 문제에 대한 처방을 내리는 과정이기 때문이라는 것이다.

방송국에서 TV 뉴스가 만들어지는 과정 역시 틀짓기 이론에 의해 설명이 가능하다. 뉴스는 세상을 바라보는 창이고 수용자들은 그 틀을 통해 자신들과 타인에 대해 배운다. 따라서 뉴스는 끊임없이 사회 현상을 정의하고 재정의하고 대체하고 또다시 대체하는 것이다. 즉 언론이 특정 시각을 중심으로 재구성되는 것을 의미한다. 사회 현안을 다룬 보도는 특정 시각을 중심으로 구성된 프레임을 포함하며, 이것은 뉴스 소재의 선택부터 특정 시각의 강조와 축소, 배제 등의 뉴스 구성 방식에 이르기까지 다양한 과정을 통해 형성된다. 예를 들어 갈등 이슈의 경우에는 대부분 본질보다는 갈등성을 부각시킨다(김원용 ·

이동훈, 2004, 2).

아홉째, '뉴미디어의 이용과 채택이론'은 단일 이론을 지칭하는 것은 아니며, 사람들이 뉴미디어를 어떤 요인에 의해 이용하고 채택하는가를 다룬 대표적 이론 두 가지를 함께 다루었다. 하나는 뉴미디어의 채택이 확산되어 나가는 과정에 초점을 맞춘 '개혁 확산 이론(Innovation Diffusion Theory)'이고, 다른 하나는 수용자의 기술에 대한 인지도와 유용도 변인에 초점을 맞춘 '기술수용 모형(TAM: Technology Acceptance Model)'이다. '이용과 충족 이론'이 종속 변인으로서 충족의 효과에 더 비중을 두고 있다면, '뉴미디어의 이용과 채택 이론'은 독립 변인으로서 이용의 원인이나 이유에 초점을 맞추고 있다는 점에 차이가 있다고 할 수 있다.

'개혁 확산 이론'은 에버렛 로저스(Everett M. Rogers)가 1962년 그동안의 정보 흐름 연구 결과들을 모아 개발했으며, 이후 확산 연구는 새로운 개혁 – 새로운 사고, 실천, 대상 – 이 사회 체계 내에서 어떻게 알려지고 퍼져 나가는지 그 사회적 과정을 탐구하는 '개혁 확산' 연구로 발전했다. 로저스는 그의 저서 『개혁의 확산』(1983)에서 개혁이란 개인 혹은 개혁을 채택하는 주체에 의해 새로운 것으로 지각되는 사고, 실천 혹은 대상이라고 정의했다.

한편 '기술수용 모형'은 개인의 정보 시스템 수용에 영향을 미치는 요소를 설명하기 위해 가장 폭넓게 사용되고 있는 모형이다. 로저스의 뉴미디어 기술 채택 요인 연구를 이용자의 관점에서 더욱 확장시킨 것이 데이비스(Davis, 1989) 등이 제시한 '기술수용 모형'이며, '정보기술수용 모형'으로 불리기도 한다. '기술수용 모형'은 '확산이론'의 채택 요인인 '상대적 이점' 대신에 '지각된 유용성(perceived usefulness)'이라는 요인을, '복잡성' 대신에 '지각된 사용의 용이성(perceived ease of use)'이라는 요인을 제시했다(주정민, 2004, 4). 지각된 유용성이란 사람들이 특정한 기술이 자신의 작업 성과를 높여 줄 것이라고 믿는 정도를 의미하며, 지각된 사용의 용이성은 사람들이 기술이 특정한 노력을 줄여 줄 것이라고 믿는 기대 정도를 의미한다(Davis, 1989; Davis et al., 1989).

열째, '정보 격차 이론(Information Gap Theory)'은 개인들의 뉴미디어 이용과 채택의 결과가 사회적으로 어떠한 효과를 가져오고 있는가를 '정보 격차'라는 측면에서 설명하고 있는 이론이다. 대체로 사회경제적 상위 계층은 하위 계층에 비해 더 빠른 속도로 정보를 받아들여 시간이 흐를수록 계층 간 정보 격차가 커진다는 것이다. 최근에는 디지털 시대의 지식 격차를 가리켜 '디지털 디바이드

(digital divide)'라는 개념으로 설명하고 있다.

'정보 격차 이론'은 1970년대 미국의 커뮤니케이션 학자 티치노 등(Tichenor, Donohue, & Olien, 1970)이 매스 미디어의 효과와 관련해 제시한 지식 격차 가설로부터 시작된다. 사회 체계에 유입된 매스 미디어 정보가 증가하면 비교적 사회경제적 지위가 높은 계층은 지위가 낮은 집단보다 빠른 비율로 정보를 습득하는 경향이 있다는 것이다. 그리고 이러한 집단 간의 지식 격차는 감소하기보다는 그 격차가 증가하는 경향을 보인다고 설명한다. 즉 지식 격차 가설이란 사회경제적 상위 계층은 하위 계층에 비해 더 빠른 속도로 정보를 받아들여 시간이 흐를수록 부유층과 빈곤층의 격차가 더욱 벌어진다는 내용의 이론적 가설이다.

좀 더 공부하려면

이론은 우리가 직접 접하는 현실에 대입시켜 이해할 때 보다 쉽게 이해되고, 이론의 유용성도 경험할 수 있다. 따라서 해당 이론들을 적용하여 미디어의 현실을 생각해보거나, 더 나아가 이들 이론들을 적용하여 국내 미디어의 현실을 설명한 논문들로는 어떤 것들이 있는지 살펴본다면 해당 이론을 이해하는 데 더욱 도움이 될 것이다. 우리나라의 대표적인 커뮤니케이션 관련 저널인 ≪한국언론학보≫(www.ksjcs.or.kr), ≪한국방송학보≫(www.kabs.or.kr), ≪한국언론정보학보≫(www.kacis.or. kr), ≪미디어, 젠더 & 문화≫(www.womencom.byus.net) 등의 사이트에서 관련 논문들을 찾아보거나 각 장의 참고문헌에 소개한 해당 논문들을 읽어 보면 많은 도움을 받을 수 있을 것이다.

차례

01

미디어 결정론

'미디어 결정론'은 간단히 말해서 커뮤니케이션 테크놀로지인 미디어가 사회 변화를 이끄는 견인차 역할을 한다는 이론이다. 때문에 흔히 '기술 결정론(technological determinism)'이라고도 부르며, 기술이 아닌 문화(인본적 지성)가 사회 변화를 주도한다는 '문화 결정론(cultural determinism)'과 대척점을 이루고 있다. 캐나다가 낳은 대표적 커뮤니케이션 학자이자 미디어 결정론의 대가인 헤롤드 이니스(Herold Innis)와 마셜 매클루언(Marshall McLuhan)이 1940년대부터 1970년대까지 발전시킨 이론이다.

'미디어 결정론'은 매스 미디어와 사회 또는 개인 간의 관계를 보여 주는 이론적 독창성과 거시적 차원의 설명력을 가지고 있지만 이론으로서 가지는 방법론적 엄밀성이 약한 것이 단점이다. 이론에서 설명하고 있는 주요 개념에 대한 정의가 불분명하고, 변인 간 연관성도 충분하지 않으며, 경험적 증명이 쉽지 않기 때문이다.

헤롤드 이니스의 미디어관

이니스는 커뮤니케이션 미디어와 사회구조의 관계를 체계적으로 설명한 최초의 학자로 분류되고 있다. 그는 미국의 시카고대학교에서 경제학 박사학위를 받았는데, 캐나다의 토론토대학교에 와서 매클루언을 만나 커뮤니케이션 연구를 시작해 유명한 두 권의 저서, 『제국과 커뮤니케이션』(1950)과 『커뮤니케이션의 편견』(1951)을 발간했다. 에버렛 로저스(Everett Rogers, 1994)는 이니스를 가리켜 가장 영향력 있는 '미디어 결정론자' 중의 하나라고 칭했다. 이니스는 '토론토학파'를 창시했다.

시간 구속적 미디어와 공간 구속적 미디어

이니스는 미디어를 '시간 구속적 미디어(time-binding media)'와 '공간 구속적 미디어(space-binding media)'로 구분했다. 원고나 구두 커뮤니케이션은 '시간 구속적 미디어'로서 제한된 분배력을 가지게 된다. '시간 구속적 미디어'는 상대적으로 긴밀한 사회, 형이상학적 사유, 그리고 전통적 권위를 선호한다. 이에 비해 인쇄 매체나 전자 매체는 공간 구속적 미디어로서 확장과 지배력을 가지며, 상업주의, 제국(empire), 나아가 테크노크라시(technocracy)의 성립을 가져오게 되었다고 설명한다.

이니스에 의하면 제국은 어떤 형태의 커뮤니케이션이 주도적이었는가에 따라서 서로 다른 형태로 성립된다. 예를 들면 고대 이집트가 시간을 통해서 형성된 제국이라면, 로마는 공간을 통해서 영속하게 된 제국이라는 주장이다. 그리고 이집트, 그리스, 로마와 같은 제국은 문어(文語)에 의한 엘리트 지배에 토대를 두고 있었다고 설명한다. 이는 구어(口語)에 의존하던 초기의 사회질서와 비교가 되는 것으로, 새로운 매체 – 종이, 펜 – 의 등장에 의해 한정된 지역에서 벗어나 광범위한 지배력을 확대하게 되면서 또 다른 형태의 제국을 성립하기 시작했다는 것이다.

마셜 매클루언의 미디어관

캐나다 토론토대학교의 문화기술센터소장이었던 매클루언은 이니스의 영향을 받아 미디어 테크놀로지의 효과에 주목했다. 그는 이니스보다 한걸음 더 나아가 커뮤니케이션 양식의 변화가 역사의 변화를 가져온다고 설명했다. 그의 모든 저술은 미디어와 문화의 관계를 탐색하는 데 초점을 맞추고 있다.

매클루언은 민족주의의 대두, 성적 문란, 이웃주의의 파괴, 약물 사용의 증가, 프라이버시의 침해 등을 모두 커뮤니케이션 기술의 변화에 기인하는 것으로 보았다. 그리고 전자 문화의 충격을 제대로 알지도 못한 채 그 속에서 살아가는 사람들이 어떻게 살아남을 수 있을 것인가 하는 삶의 전략적 측면을 연구했다. 특히 그의 저서 『미디어의 이해』(1964)는 그러한 연구의 결정체다.

매체는 메시지다

매클루언에게 미디어는 신체 기관과 감각, 또는 기능을 증폭 또는 강화시키는 어떤 것이다. 미디어는 감각 기관의 연장으로서 책은 눈의 확장이고, 바퀴는 다리의 확장이며, 옷은 피부의 확장이며, 전자회로 – 특히 컴퓨터 – 는 중추 신경 체계의 확장이다. '매체가 곧 메시지(the medium is

미디어 결정론의 대가 마셜 매클루언(Marshall McLuhan, 1911~1980) ⓒ 커뮤니케이션북스

the message)'라는 그의 믿음은 미디어가 문화를 통제한다는 주장으로 이어지고 있다. 그는 특정 미디어의 메시지나 내용은 원자폭탄의 겉에 쓰인 글씨 같은 존재라고 보았다. 그렇다고 메시지의 내용이 아무런 역할을 안 한다는 것이 아니라 다분히 부수적인 역할을 할 뿐이라는 것이다. 매체가 전체 메시지의 총합 이상으로 사람들에게 영향을 미치기 때문에 똑같은 말이 면대면으로 행해지는 것과, 신문에 보도되는 것과, TV로 방송되는 것은 서로 다른 세 가지의 메시지를 전해 주는 것이라고 생각한 것이다.

핫미디어와 쿨미디어

매클루언은 미디어를 '핫미디어(hot media)'와 '쿨미디어(cool media)'로 나누었다. '핫미디어'는 명세도가 높은(high-definition) 커뮤니케이션 채널이다. 여기서 명세도가 높다는 의미는 정보 전달량이 높다는 뜻이다. 매클루언의 분류에 따르면 신문은 뜨거운 시각 미디어다. 사진과 영화도 그렇다. 이들 매체는 수용자에게 별다른 수고를 요구하지 않으면서 많은 자료를 전달하고 있다. 반면 쿨미디어의 낮은 명세도는 사람들로 하여금 메시지의 빈 곳을 채우기 위해 높은 참여를 요구하고 있다.

텔레비전은 모호하고 희미한 영상을 채우기 위해 개입과 참여를 요구하기 때문에 차갑다. 낮은 명세도를 가진 영상 화면은 시청자들이 내적인 정신 화면에서 연결시켜야만 하는 흩어져 있는 점들로 이루어져 있다. 라디오를 들으면서 공부를 하든가 다른 일을 할 수 있지만 TV는 그렇지 못하다.

어린이들이 학교에 갈 때쯤이면 이미 약 1만 시간의 TV를 보고난 후다. 매클루언에 의하면, 그런 어린이들은 인쇄매체가 가지는 논리적이고 선형적인 분리(linear detachment)가 아닌 TV 매체가 가지는 몰입에 의한 심층 개입(in-depth involvement)을 갈망하고 있다고 한다. 그런데 갑자기 차갑고 포괄적인 TV를 빼앗기고 뜨거운 인쇄 매체에 노출되기 때문에 학교에 대한 흥미를 잃게 된다는 것이다.

그러나 핫미디어와 쿨미디어가 정확하게 구별되는 개념은 아니고, 상대적이면서 연속적인 개념이다. 인상주의가 핫하다면 추상주의는 쿨한 편이다. 영화가 핫하다면, TV는 쿨하다는 식이다. 때문에 이 부분에서 매클루언의 이론적 엄밀성에 대한 비판이 가장 많이 제기되고 있다.

구텐베르크 시대와 지구촌

매클루언은 인류 역사를 3단계로 구분한다. 제1기는 원시 부족 시대로서 문자 이전의 사회다. 이때의 커뮤니케이션 매체는 주로 보는 것과 듣는 것이었을 것이며, 의사 결정은 즉각적이고, 원거리 커뮤니케이션은 불가능했던 시대다.

제2기는 구텐베르크 시대 즉 문자 시대다. 인쇄 매체가 인간 생활을 급격히 변화시킨 때로서, 문화적으로는 선형적 사고(이전에는 모자이크 사고 또는 통합적 사고)와 개인주의를 가져오게 되었다고 설명한다. 왜냐하면 인쇄술은 좌에서 우로 읽으면서 논리적 사고를 가져오기 때문이다. 따라서 서양적 사고는 동양적 개념화나 문자 시대 이전의 사고 구조와는 차별성을 갖게 된다는 것이다.

제3기는 전자 시대다. 신부족 시대(neo-tribal age) 또는 지구촌(global village)이라고도 부르는 시기다. 이 시기는 커뮤니케이션과 의사 결정이 빠르고, 시간과 장소를 단축시키는 모자이크적 커뮤니케이션을 하게 된다. 쌍방향 디지털 케이블이나 위성방송과 같은 디지털 미디어들의 전자 프로그램 가이드(EPG: Electronic Program Gathering) 화면이 모자이크 화면으로 구성되고 있는 것도 이와 같은 커뮤니케이션 패턴과 무관하지 않을 것이다.

이니스는 미디어라는 기술이 가지는 특징에 의해 사회가 어떻게 변화했는지를 설명했으며, 매클루언 역시 미디어의 기술적 특성에 따라 인류 역사의 변화를 설명했다는 점에서 '기술 결정론'의 시각을 제시하고 있다고 할 수 있다.

참고문헌

김재은(2001). 현대판 영웅, 스타탄생. ≪알바트로스≫ 2001년 봄호.

오미영 · 정인숙(2005). 『커뮤니케이션 핵심 이론』. 커뮤니케이션북스.

오창호(2003). 맥루한의 매체철학에 대한 비판적 소고. ≪한국언론학보 ≫ 47권 5호, 311~337.

오창호(2004). 맥루한과 벤야민: 탈근대적 커뮤니케이션양식에 대한 탐구. ≪한국언론학보 ≫ 48권 3호, 410~435.

유선영(2004). 『미디어의 세대차이 담론』. 한국언론재단.

임상원 · 이윤진(2002). 마샬 맥루한의 미디어론: '구텐베르크 은하계'를 중심으로. ≪한국언론학보 ≫ 46권 4호, 277~313.

데니스 맥퀘일 지음, 양승찬 외 옮김(2002). 『매스 커뮤니케이션 이론』. 나남. 111～116.

마셜 매클루언 지음, 박정규 옮김(2005). 『미디어의 이해』. 커뮤니케이션북스. Baran, S. J. & Dennis K. Davis(2003). *Mass Communication Theory.*(3rd ed.). Toronto: Wadsworth/Thomson. pp. 291～302.

마셜 매클루언 공식 홈페이지: www.marshallmcluhan.com

Griffin, E.(2004). *A First Look at Communication Theory*(5th ed.). Boston: McGraw-Hill. pp. 341～354.

Jhally, Sut(1993). Communications and the materialist conception of history: Marx, Innis and technology. The Australian Journal of Media & Culture. vol. 7 no 1.: Available http://wwwmcc.murdoch.edu.au/ReadingRoom/7.1/Jhally.html

Stone, G., M. Singletary, W. Richmond(1999). *Clarifying Communication Theories: A Hands-On Approach.* Iowa State University Press. 209～218.

02

이용과 충족 이론

'이용과 충족 이론(Uses and Gratifications Theory)'의 골자는 ① 왜 사람들은 미디어를 이용하며 ② 미디어를 이용하도록 사람들에게 동기부여하는 것은 무엇이며 ③ 그로 인해 충족되는 것은 무엇인가를 설명하는 이론이다. 이 이론은 수용자들의 미디어 이용 행태를 보여준다는 점에서 매스 커뮤니케이션 이론 중에서 가장 폭넓게 적용되는 이론이다. 국내에서도 TV 시청자 조사나 광고 이용 행태 조사 등에서 활용되고 있다. 1973년 카츠, 블럼러, 구레비치 등이 제기한 이 이론은 다음과 같은 네 가지의 전제에서 출발하고 있다(Katz, Blumler,

Gurevitch, 1973).

- 수용자는 능동적이고, 그들의 미디어 이용은 목적 지향적이다.
- 미디어는 욕구 충족 면에서 다른 미디어와 경쟁한다.
- 사람들은 자신의 미디어 이용, 관심, 동기에 대해 충분히 인식하고 있다.
- 특정 미디어나 내용을 욕구와 연결시키는 가치판단은 사람마다 다르다.

이론의 등장 배경－능동적 수용자론

이용과 충족이라는 개념을 처음 제시한 학자는 카츠다. 그는 1959년 버나드 베럴슨(Bernard Berelson)이 당시 커뮤니케이션 연구의 동향을 밝히면서 "커뮤니케이션 연구 분야는 시들어가고 있다"고 주장한 내용을 반박하면서 이용과 충족의 개념을 제시했다. 카츠는 시들어 가고 있는 것은 설득 커뮤니케이션 분야일 뿐이며, 설득 커뮤니케이션보다는 매스 커뮤니케이션에 보다 많은 연구 영역들이 존재한다고 주장하면서 새로운 접근법을 제시한 것이다.

카츠가 제시한 새로운 접근법이란 '미디어가 수용자에

'이용과 충족' 개념을 제시한 엘리우 카츠(Elihu Katz, 1926~) ⓒ 커뮤니케이션북스

게 무엇을 하는가(what do media do to people?)'가 아니라, '수용자가 미디어를 이용해서 무엇을 하는가(what do people do with media?)'에 관심을 두어야 한다는 것이다. 이는 기본적으로 과거의 수동적 수용자에 대한 관점을 능동적 수용자론으로 전환한 것으로, 엄밀하게 말해서 새로운 것은 아니다. 카츠 자신도 자신의 주장이 독창적이거나 새로운 것은 아니며 1940년대 등장했던 여러 연구들과 입장을 같이하고 있다고 설명했다.

능동적 수용자론을 가져오게 된 1940년대의 대표적인

연구는 헤르타 허조그(Herta Herzog, 1941)의 라디오 드라마 청취 요인 연구다. 그는 당시 100명의 라디오 드라마 청취자를 인터뷰해 드라마 청취 이유 즉 기대 충족 요인을 조사해 세 가지의 유형을 제시했다. ① 정서적 해소 ② 유희 ③ 청취 후담 등이 그것이다.

1940년대 이전의 매스 커뮤니케이션 연구는 미디어가 수용자에게 어떤 효과를 가져오는가 하는, 미디어를 독립 변인으로 한 이론들이 중심을 이루었다. 매스 커뮤니케이션 이론의 출발점으로 알려져 있는 '강력 효과 이론'이 그 대표적인 예다. 그러나 1940년대부터 '미디어 효과 이론'의 패러다임이 수용자의 심리적 요인들을 독립 변인으로 설정한 이론 틀로 변화하게 되었다. 수용자 중심의 이론 체계는 과거 수용자를 수동적 존재로 간주하던 패러다임을 능동적 수용자로 전환시키는 계기를 가져오게 된다. 이 때문에 '이용과 충족 이론'은 이론이라고 불리기는 하지만, 사실상 매스 커뮤니케이션 연구를 위한 하나의 접근 방법(approach) 또는 연구 모델로도 간주된다(차배근, 1999).

한편 능동적 수용자 이론이라는 측면에서 같은 군집에 속하는 이론에는 '이용과 충족 이론' 외에도 '의제 설정 이론(agenda setting theory)'과 '침묵의 나선 이론(sprial of silence theory)' 등이 있다. 이들 이론들은 모두 수용자 행위 연구의 중요성을 제시해 준 연구들이며, 특히 긍정적 효과 연구의 시발점이 되었다.

미디어 이용과 충족

욕구나 동기, 보상적 동기가 수용자의 내부에서 발생하게 되면 수용자가 취하는 다음 행동은 무엇이 될까? '이용과 충족 이론'에서는 이를 행위와 이용으로 나누고 있는데, 이 역시 실제 행동적 측면에서는 동시에 일어나는 경우가 많기 때문에 개념적 구분이라고 이해하면 된다.

1) 행위(activity): 사람들이 미디어 이용에 대해 어떤 욕구를 가지게 되었다면 다음과 같은 측면의 미디어 이용 행동을 촉발시키게 된다.

- 노출 이전 행위(pre-exposure activity): 이는 미디어 이용의 준비 단계로서, 어떤 채널을 선택할 것인가 마음속으로 생각하거나, 신문이 TV가이드를 읽거나 하는 준비 행위를 말한다.
- 진행 노출 행위(during exposure activity): 미디어 내용에 대한 사람들의 관여 정도를 말한다. 즉 미디어를 이용하는 동안의 동시적 행위로서, 드라마를 보는 동안 몰두해서 시청하는 사람이 있는가 하면, 다른 일을

하면서 대사만 듣는 경우도 있고, 광고가 나오면 채널을 돌리는 경우 등이 해당된다. '몰두 시청', '풀뜯기 시청', '재핑' 등과 같은 TV 시청 패턴 연구는 특히 이 단계의 미디어 행위를 집중적으로 연구한 것으로, TV 시청률 조사 기관이나 방송사에서 많이 행하는 연구 분야다.

2) 이용(uses): 행동이 일반적인 미디어 선택 행위라면 이용은 '특정' 미디어(신문, 방송, 인터넷 등)나 '특정' 채널을 선택하는 행위를 말한다. 그러나 미디어 채널 선택은 이미 사전 노출과 진행 노출 단계에서 일어나는 수용자의 습관적이거나 의도적인 결정의 결과이기도 하다.

3) 충족(gratification): 미디어 이용을 통해 원래 가졌던 욕구가 얼마나 충족되었는가의 정도를 말한다. 이는 충족 기대(gratification expectations)나 이후의 미디어 이용 동기에 영향을 미치게 된다. 흔히 TV와 영화는 오락 충족, 도서는 내면의 자아 충족을 가져오게 된다고 하나, 매체별로 단정하기는 어렵고, 장르별로 차이가 있다. 뉴스는 정보 동기의 충족을, 드라마는 오락 동기의 충족을 가져올 수 있다.

미디어 기능과 미디어 이용의 차이를 살펴보면, 이용은 언제나 선행변인이다. 이용 없이는 기능도 없다는 뜻이다. 즉 의도된 기능과 관찰된 효과의 차이라고 할 수 있다. 수많은 이용과 충족 연구들은 미디어에 대한 충족 추구(gratifications sought)와 미디어로부터 얻은 충족(gratifications obtained)을 추출해 매스 미디어의 기능과 효과를 설명하고 있다.

이용과 충족 이론의 장단점

능동적 수용자론의 패러다임을 가져온 '이용과 충족 이론'은 매스 커뮤니케이션 이론 중에서도 특히 활용도가 매우 높은 이론이지만, 이론적 깊이와 체계성에 대해서는 논란이 많은 이론이기도 하다. 스탠리 바란과 데니스 데이비스는 '이용과 충족 이론'의 장점과 단점을 다음과 같이 정리했다(Stanley J. Baran & Dennis K. Davis, 2003).

장점

- 매스 커뮤니케이션 과정에서 개인에 관심의 초점을 두었다.
- 미디어 소비자의 지적 능력에 대한 경의를 표시하고 있다.

- 사람들이 미디어 내용을 어떻게 경험하는가에 대한 통찰력 있는 분석을 제공하고 있다.
- 미디어의 능동적 이용을 수동적 이용과 차별화했다.
- 미디어의 이용을 일상적 사회적 상호작용 과정으로서 연구했다.
- 뉴미디어의 채택에 대해 유용한 통찰력을 제공하고 있다.

단점

- 기능적 분석에 대한 의존은 현상 유지적 관점을 낳는다.
- 효과의 존재나 부재를 쉽게 나타낼 수 없다.
- 중요한 개념의 측정에 문제가 있다.
- 지나치게 미시적 수준의 이론이다.

참고문헌

박광순 · 조명휘(2004). 인터넷의 웹블로그 이용동기와 만족도에 관한 연구. ≪한국언론학보≫ 48권 5호.

박성희 · 최준호(2004). 인터넷 이용동기와 이용 행태 간 상관관계에 대한 탐색적 비교 연구: 한국과 미국의 네티즌을 중심으로, ≪한국언론학보≫ 48권 4호.

박종민(2003). 휴대전화, 인터넷, 텔레비전의 미디어 속성 차이와 이용동기요인 연구. ≪한국언론학보≫ 47권 2호, 221~249.

배진한(2000). 여성의 사교적 전화이용과 충족에 관한 연구. ≪한국언론학보≫ 14권 3호, 115~150.

오미영 · 정인숙(2005). 『커뮤니케이션 핵심 이론』. 커뮤니케이션북스.

이인희(2001). 대학생 집단의 휴대폰 이용동기에 관한 연구. ≪한국방송학보≫ 15권 3호, 261~293.

차배근(1999). 『매스 커뮤니케이션 효과 이론』. 나남, 222~295.

최양호(2000). 미디어 이용에 관한 기대가치론적 충족모형의 경험적 분석: 로컬TV 뉴스시청을 중심으로. ≪한국방송학보≫ 14권 2호, 187~210.

허경호(2005). 시청조절 능력과 텔레비전의 이용과 충족. ≪한국언론학보≫ 49권 2호.

데니스 맥퀘일 지음, 양승찬 외 옮김(2002). 『매스 커뮤니케이션 이론』. 나남. 469~480.

Baran, S. J. & Dennis K. Davis(2003). *Mass Communication Theory.*(3rd ed.). Toronto: Wadsworth/Thomson. 267~268.

Griffin, E.(2004). *A First Look at Communication Theory*(5th ed.). Boston: McGraw-Hill. pp. 341~354.

Herzog, H.(1941). On Borrowed Experience. *Studies in Philosophy and Social Science, 11*, 65~95.

Katz, E., Jay G. Blumler and Michael Gurevitch (Winter, 1973~1974). Uses and Gratification Research. *The Public Opinion Quarterly, 37*(4), 509~523.

Miller, K.(2005). *Communication Theories: Perspectives, Processes, and Contexts.*(2nd ed.). McGraw-Hill Companies. 256~260.

Stone, G., M. Singletary, W. Richmond(1999). *Clarifying Communication Theories: A Hands-On Approach.* Iowa State University Press. 209~218.

03

미디어 의존 이론

'미디어 의존 이론(Media Systems Dependency Theory: MSD)'은 1976년 산드라 볼로키치(Sandra J. Ball-Rokeach)와 멜빈 드플로(Melvin J. DeFleur)가 개발한 이론이다. 미디어, 개인, 그리고 사회적 환경이 모두 상호 의존적 관계(dependency relationships)를 형성하고 있다는 이론이다. 사람들이 미디어 이용에 의해 충족되는 욕구에 의존하면 할수록 미디어가 사람들의 생활에 미치는 역할은 더욱 중요해지고, 그렇게 되면 미디어의 영향력은 더욱 커지게 된다는 설명이다.

미디어 의존 이론의 등장 배경과 개념

'미디어 의존 이론'은 기본적으로 '사회 체계 이론(social system theory)'을 전제로 하고 있다. 즉 '사회 체계 이론'에서는 사회 내의 각 구성요소들이 어떤 목적을 달성하기 위해서 상호 의존적 관계를 형성하고 있으며, 전체는 부분의 단순한 합과는 다른 특징을 나타내게 된다는 설명이다. 또한 '미디어 의존 이론'은 기능주의 이론의 하나로서, 개인이 예측 불가능한 사회 환경적 변화들에 대해 정보를 얻기 위해 미디어에 의존하게 만들며, 이는 불확실성을 감소하기 위한 행동으로 가정하고 있다.

1968년 워싱턴대학교에서 사회학 박사학위를 받은 볼로키치가 '미디어 의존 이론'을 연구하게 된 것은 자신의 교육 환경과 관련되어 있다. 그녀는 매스 미디어의 영향력이 거의 없거나 약하다는 교육을 받아 왔다. 그러나 1960년대 말 미국 사회에서 일어난 여러 가지 사건들(예를 들면 베트남전, 케네디 대통령 암살, 아폴로 11호 달 착륙 등)이 매스 미디어를 통해 전달되면서 보여 준 영향력을 관찰하면서 매스 미디어에 대해 다른 생각을 갖게 된다. 어떤 조건에서는 매스 미디어가 중요한 영향력을 가지고, 어떤 상황에서는 그렇지 않은 것을 보고 그 이유를 분석하게 된 것이다. 그 결과 개인적인 요인뿐 아니라 제

미디어 의존 이론(Media Dependency Theory)을 주장한 산드라 볼로키치(Sandra J. Ball-Rokeach) ⓒ 커뮤니케이션북스

도적이고 조직적 단계의 설명 과정이 필요함을 인식하게 되었다.

미디어 의존 이론의 구성 요소

'미디어 의존 이론'은 사회적 환경이나 개인 및 개인들 간의 네트워크와 같은 구성 요소들과 미디어 간 의존 관계를 설명하고 있다. 여기서 의존이란 '어느 한 요소의 욕구 만족이나 목표 성취가 다른 구성요소와 연관되어 있는 관계'를 의미한다. '미디어 의존 이론'에서는 여러 가지 체계의 구성 요소를 세 단계로 나눈다. 사회적 환경이나 미디어 체계와 같은 '거시적 수준(macro level)', 사회적 환경 내에서 특정한 목표와 위치를 가지는 개인 차원의 '미시적 수준(micro level)', 그리고 대인 간 네트워크의 단계인 '중시적 수준(meso level)'이 그것이다. 미디어 의존 이론은 이 중에서도 개인이 미디어 체계에 대한 의존을 늘리거나 줄이게 되는 측면에 초점을 맞추고 있다.

개인화와 도시화가 진행되면서 대인 사회적 네트워크의 영향력은 줄어들었다고 보는 것이 미디어 의존 이론가들의 일반적 견해다. 그와 같은 사회적 환경 속에서 미디어는 수용자들에게 정보를 생산 · 처리 · 분배해 주는 영향력을 가지게 된다는 것이다. 여기서 미디어 영향력의 토대는 보다 큰 사회 체계와 그 체계 내에서 미디어 역할, 그리고 그러한 미디어와 수용자가 맺는 관계에 달려 있다. 미디어 자체가 막강한 영향력을 갖는다기보다는 사회 체계 내에서 수용자의 욕구에 부응하는 과정에서 자연스럽게 나타나는 미디어 효과이자 영향력이라고 할 수 있다. 볼로키치와 드플로는 개인들의 의존 정도는 미디어가 수행하는 특정한 정보 제공 기능의 수와 중요성 그리고 사회 속에 내재하는 변화와 갈등의 정도와 함수관계에 있다고 주장한다.

미디어 의존 이론의 장단점

드플로와 볼로키치는 자신들의 '미디어 의존 이론'을 여러 번에 걸쳐 수정 · 발전시켰다. 궁극적으로 체계 변화를 설명하기 위한 시도였다. 그러나 이 이론은 보통 사람들의 미디어 의존 경험이 광범위한 사회 체계의 변화와 어떻게 강력한 연관관계를 갖고 있는 것인지 실증적으로 입증하지 못하고 있다. 또한 이 이론은 어느 정도가 이상적인 미디어 의존인지에 대한 설명력도 약하다는 비판을 받고 있다. 의존의 정도가 점점 커질 것인지 줄어들 것인지에 대한 예측이 가능하지 않고, 특히 뉴미디어가 미디어에 대한 의존을 강화시킬 것인지 약화시킬 것인지에 대한 명쾌한 설명도 해 주지 않는다는 것이다.

'미디어 의존 이론'의 장단점은 다음과 같이 요약할 수 있다.

장점

- 체계 지향적이다.
- 미시적 이론과 거시적 이론을 통합하고 있다.
- 위기상황이나 사회 변화 속에서의 미디어의 역할에 대해 설명해 주고 있다.

단점

- 이론을 실증적으로 검증하기가 힘들다.
- 미디어 의존 이론의 핵심 개념인 의존의 의미와 강도가 불분명하다.
- 장기적 효과에 대한 설명력이 약하다.

이용과 충족 이론과 유사성

한편 '미디어 의존 이론'은 '이용과 충족 이론'과 매우 유사한 측면이 있다. 개인들이 미디어와 특별한 관계를 갖는다는 것은 미디어에 대한 욕구를 갖는다는 것과 동일하다. 자신이나 타인에 대한 이해, 어떤 행동에 대한 지향 그리고 사회적 행동 등을 위해 매스 미디어를 이용하는 것이기 때문이다. 그렇기 때문에 두 가지 이론을 묶어서 '매스 커뮤니케이션의 이용과 의존 이론(uses and dependency model of mass com-munication)'으로 재구성하려는 시도도 있었다(Rubin & Windahl, 1986).

그러나 볼로키치는 두 이론이 기본적으로 다른 연구 문제와 프레임 워크를 가지고 있다고 주장한다. 우선 이용과 충족 이론은 개인적 단계에서 욕구를 다루고 있지만 '미디어 의존 이론'은 거시적, 중시적, 미시적 단계를 모두 포함한다고 주장한다. 즉, 미디어에 대한 의존 관계는 사람들로 하여금 특정한 이슈를 중요하게 생각하도록 만드는 의제 설정 기능도 수행한다. 그런가 하면 수용자들의 미디어에 대한 의존이 사회 속에서 변화와 갈등의 시간을 거쳐 가며 증가한다는 점을 강조한다. 때문에 '미디어 의존 이론'은 수용자들의 개인적인 미디어 이용 패턴과 미디어 정책을 연결할 수 있는 이론으로 유용할 수 있다.

볼로키치는 두 이론의 차이점을 다음과 같이 세 가지로 정리했다. 첫째, '미디어 의존 이론'은 테스트하기에 적합한 좀 더 일관된 이론적 개념 체계를 제공한다. 둘째, '이용과 충족 이론'에서는 능동적 수용자라는 개념을 제시하고 있지만, 능동적 수용자의 미디어에 대한 반응을 본래적 의존이라는 개념으로 설명해 버림으로써 능동적 수용자의 설명력을 상당히 약화시키고 있다. 셋째, '이용과 충족 이론'은 오로지 개인적 미디어 관계에 대한 설명이 가능한데 비해 '미디어 의존 이론'은 다양한 차원에서 의존관계에 적용할 수 있다.

참고문헌

김세은(2004). 신문 독자의 능동성: 개념의 구성요인과 영향 분석을 중심으로. ≪한국언론학보≫ 48권 1호, 284~308.

김진영(2003). 미디어 의존 이론 연구: 미국 유학생들의 인터넷 이용, 민족 정체성, 미디어 의존, 그리고 인지적, 행동적 변화와의 관계를 중심으로. ≪언론과학연구≫ 3권 2호, 119~145.

오미영 · 정인숙(2005). 『커뮤니케이션 핵심 이론』. 커뮤니케이션북스.

이재현(1999). 『현대인의 생활양식과 텔레비전』. 커뮤니케이션북스.

이재현(2001). 여가, 텔레비전, 그리고 인터넷: 생활시간으로 본 미디어 구도의 변화. ≪KBS방송문화연구≫.

Baran, S. J. & Dennis K. Davis(2003). *Mass Communication Theory*.(3rd ed.). Toronto: Wadsworth/Thomson. pp. 202~217, 302~308, 320~322.

Miller, K.(2005). *Communication Theories: Perspectives, Processes, and Contexts*,(2nd ed.). McGraw-Hill Companies. 261~268.

Rubin, A. M., & Windahl, S.(1986). The uses and dependence model of mass communication. *Critical Studies in Mass Communication, 3*, 184~199.

04

의제 설정 이론

'의제 설정 이론(Agenda Setting Theory)'은 매스 미디어가 반복된 뉴스 보도를 통해 공중의 마음에 이슈의 중요성을 부과하는 능력이 있다고 주장하는 이론이다. 즉 특정 주제에 대해 미디어가 주목하고 많이 다루면 실제 그렇지 않더라도 공중이 그 이슈를 중요하게 평가하도록 한다는 것이다. 맥스웰 매콤과 도널드 쇼(Maxwell E. McCombs & Donald L. Shaw, 1972)에 의해 처음 제기되었다. 의제 설정 연구는 커뮤니케이션 연구 역사에서 상당히 오래된 이론에 속할 뿐만 아니라 전 세계적으로 300여 편의 연구가 행해질 만큼 이론의 체계성과 적용 가능성이 높은 이론으로 평가받고 있다. 이뿐만 아니라 지난 60여 년간 커뮤니케이션 분야에서 나온 연구나 개념들의 진실을 뒷받침하는 이론으로도 재평가받고 있다.

의제 설정 이론의 등장 배경과 주요 개념

'의제 설정 이론'은 '이용과 충족 이론'과 마찬가지로 능동적 수용자론에 근거하고 있다. '의제 설정 이론'은 '미디어 의제(media agenda)'와 '공중 의제(public agenda)'라는 두 가지 변인을 중심으로 이론적 관계가 형성되어 있으며, 방법론적으로는 수용자 서베이와 미디어 내용 분석을 사용하고 있는 이론이다.

매콤과 쇼는 1968년 대통령 선거 당시 노스캐롤라이나 주 채플힐(Chapel Hill) 지역에서 결정을 내리지 않은 유권자 100명을 대상으로 미국에서 가장 문제가 되는 이슈가 무엇인가를 질문했다. 내용 분석의 대상은 5개 신문, 2개 뉴스 잡지, 2개 TV 뉴스 프로그램이었으며, 뉴스 아이템은 선거 관련 뉴스 내용이었고, 이를 15개 범주로 코딩하고, 주요 뉴스와 주변 뉴스를 구분했다. 그 결과 주요 뉴

'의제 설정 이론(Agenda Setting Theory)'을 처음 제기한 도널드 쇼 (Donald L. Shaw, 1930~) ⓒ 커뮤니케이션북스

스 항목에서 미디어에서 강조한 이슈와 그 이슈가 중요하다고 여기는 유권자의 인식에서 상관관계가 강하게 나타났다.

쇼와 매콤은 채플힐 연구에서 '미디어 의제'와 '공중 의제'의 상관관계를 밝힌 이후 1977년에는 양 변인의 인과관계를 밝히기 위해 노스캐롤라이나주 샬로트 지방에서 채플힐 연구보다 큰 표본으로 여러 시점에 걸쳐 패널 디자인(6월, 10월, 11월에 걸쳐 3회 인터뷰)을 실시했다. 샬로트 지방의 신문과 2개 TV 저녁 뉴스를 내용 분석해서 시차 상관관계를 분석해 '미디어 의제'가 '공중 의제'에 영향을 미친다는 결과를 얻게 되었다.

미디어 의제의 개념과 측정

의제 설정 연구의 첫 번째 단계는 '미디어 의제' 찾기다. '미디어 의제'는 언론에서 다루는 뉴스 아이템을 의미한다. 대개 우리나라 신문은 하루 200여 개의 기사를 취급하고 있으며, 방송의 종합 뉴스는 대략 25~30개 정도의 뉴스 아이템을 다루고 있다. 그중에서도 신문의 1면 뉴스들이나 방송의 첫 10분 뉴스 등은 중요도를 갖는 미디어 의제들로서, 뒤에 나오는 공중 의제에 영향을 미치는 미디어 의제에 속한다고 할 수 있다. 미디어 의제의 측정은 이처럼 중요도 높은 지면이나 시간대의 뉴스 아이템을 내용 분석함으로써 가능하다.

공중 의제의 개념과 측정

의제 설정 연구의 두 번째 단계는 '공중 의제'를 측정하는 것이다. '공중 의제'란 '수용자 의제'라고도 부르는데, 사람들이 머릿속에 생각하고 있는 중요한 이슈들이다. 월터 리프먼(Walter Lippman)은 이를 '우리 머릿속에 있는 어떤 상(the pictures in our heads)'이라고 불렀다. '공중 의제'는 서베이 방법론을 통해 분석할 수 있는데, 예를 들면 오늘날 우리 사회가 당면하고 있는 가장 중요한 문제는 무엇인가라고 연구 대상자들에게 질문을 던져 알아보는 것이다.

의제 설정과 타임 프레임

의제 설정 연구의 세 번째 단계는 '미디어 의제'와 '공중 의제' 중 어느 것이 원인이고 효과인지 알아보는 것이다. 대개 두 의제는 서로 영향을 미친다고 볼 수 있다. 즉 '미디어 의제'가 '공중 의제'에 영향을 미치기도 하고, '공중 의제'가 '미디어 의제'에 영향을 미칠 수도 있다. 의제 설정 연구에서 의제 설정이 실제로 이루어지기까지 걸리는 시간적 요인, 즉 '타임 프레임'이 매우 중요하다. 여러 학자들의 연구에서 매체 간 의제 설정 기능에 차이가 없는 것으로 나타나거나, 서로 다른 결과를 보이는 것은 바로 '타임 프레임'이 달랐기 때문이다. '타임 프레임'을 고려하게 되면 매체에 따라서도 의제 설정 차이가 달라지며, 신문이 TV에 비해 의제 설정의 효과가 길게 지속되며, TV 뉴스의 경우 4~5일째에 의제 설정 효과가 가장 강하다는 연구도 있다.

방법론으로는 다음과 같이 5가지 '타임 프레임'을 구분할 수 있다(차배근, 1999).

- 자료 수집 과정에서 처음부터 끝까지의 전체 기간인 타임 프레임
- 독립변인(미디어 의제)과 종속변인(수용자 의제) 간의 경과 시간인 시간 지체
- 미디어 의제의 조사에 소요되는 시간
- 수용자 의제 측정에 소요되는 시간
- 한 이슈에 대한 미디어의 강조와 수용자들의 강조 사이에 최대의 상관관계를 나타내는 최적 효과의 시간대 의제 설정의 시간 지체

2단계 의제 설정 – 속성 의제 설정

전통적 '의제 설정 이론'은 미디어가 특정 이슈를 중요하게 다루면 공중이 그것을 중요하게 인식한다는 단계에 머물렀다. 그러나 매콤은 미디어가 사람들에게 단순히 무엇에 대해 생각하도록 하는 단계 이상의 영향력을 가지고 있다고 주장한다(1997). 전자를 '1단계 의제 설정 기능' 또는 '이슈 의제 설정 기능(issue agenda-setting function)'이라고 부르며, 후자를 '2단계 의제 설정 기능' 또는 '속성 의제 설정 기능(attribute agenda-setting function)'으로 구분하고 있다.

'2단계 의제 설정 기능'의 핵심은 '이슈'가 아니라 '속성

(attribute)'에 초점을 맞추고 있다. 속성은 기자나 공중이 대상을 인식할 때 사용하는 일련의 관점이나 프레임(frame)을 뜻한다. 즉 미디어는 우리가 생각하는 방식에 영향을 미칠 수 있다는 것이다. '2단계 의제 설정 기능'에서는 언론이 어떤 이슈의 여러 속성 중에서 특정 속성들을 강조함으로써 그 특정 속성들을 현저하게 만드는 것이라고 할 수 있다. 그리고 미디어에 의해 현저화된 속성들은 사람들에게 어떤 인지적 단서를 제공해 그것을 주목하도록 만든다는 것이다.

속성의 종류는 대개 '인지적 속성'과 '정서적 속성'으로 구분된다. '인지적 속성'은 정보 측면으로서, 예를 들면 정치 후보자의 정견이나 자질, 배경 등이 될 수 있으며, '정서적 속성'은 뉴스의 톤이나 태도와 같이 수용자의 감정적 차원에 영향을 미치는 속성들을 말한다. 즉 어떤 이슈에 대한 부정적 태도의 보도는 수용자에게도 부정적 태도를 갖게끔 만든다는 것이다.

즉 '의제 설정 이론'의 공헌은 과거 미디어의 영향이 '무엇을 생각할 것인가(what to think)'에 초점을 맞추었던 것을 '무엇에 대해 생각할 것인가(what to think about)'로 바꾼 것인데, '2단계 의제 설정 기능'은 미디어가 사람들이 그 이슈에 대해 '어떻게 생각할 것인가(how to think)'에도 영향을 미친다는 주장이다.

참고문헌

반현(2004). 선거후보자의 이미지 특성에 관한 연구. ≪한국언론학보≫ 48권 4호, 175~197.

반현 · 최원석 · 신성혜(2004). 뉴스의 속성과 2차 의제설정 효과 연구: 위도 핵폐기장 보도를 중심으로. ≪한국언론정보학보≫ 통권 25호, 65~102.

오미영 · 정인숙(2005). 『커뮤니케이션 핵심 이론』. 커뮤니케이션북스.

윤태일 · 심재철(2003). 인터넷 웹사이트의 의제설정 효과. ≪한국언론학보≫ 47권 6호.

조수선 · 김유정(2004). 온라인 신문의 뉴스 및 의제속성 설정 연구. ≪한국언론학보≫ 48권 3호, 302~329.

차배근(1999). 『매스 커뮤니케이션 효과 이론』. 나남, 296~378.

차희원(2004). 공중 관여도와 미디어 신뢰도에 따른 기업명성의 미디어 의제설정 효과연구. ≪한국언론학보≫ 48권 6호.

Baran, S. J. & Dennis K. Davis(2003). *Mass Communication Theory: Foundations, Ferment, and Future.* 3rd edition. Thomson. 311~315.

Cohen, B. C.(1973). *The Public's Impact on Foreign Policy.* Boston: Little, Brown & Co.

Griffin, Em.(2004). *A First Look at Communication Theory*(5th ed.). Boston: McGraw-Hil, 390~402.

McCombs, M. E.(1997). New frontiers in agenda setting: agendas of attributes and frames, *Mass Communication Review, 24*(Spring), 32~52.

McCombs, Maxwell E. and Donald L. Shaw(1972). The

agenda-setting function of mass media. *POQ, 36*(2).

Miller, K.(2005). *Communication Theories: Perspectives, Processes, and Contexts,*(2nd ed.). McGraw-Hill Companies, 269~276.

Rogers, E.M., & Dearing, J.W.(1988). Agenda-setting research: Where has it been, where is it going" In J.A. Anderson(Ed.), *Communication yearbook* 11(pp. 555~594). Newbury Park, CA:Sage.

Stone, G., M. Singletary and W. Richmond(1999). *Clarifying Communication Theories: A Hands-On Approach.* Iowa State University Press. 231~238.

05

배양 이론

'배양 이론(cultivation theory)'은 대중매체의 현실 구성 효과를 설명하는 이론으로서 '문화 계발 이론(cultural cultivation theory)' 또는 '문화 규범 이론(cultural norm theory)'이라고도 불린다. 1960년대 이전의 효과 연구들이 태도의 변화 등 단기 효과에 치중하고 있는 것과는 달리 배양이론은 우리들의 일상생활을 거의 지배하다시피하고 있는 텔레비전 시청 행위에서 비롯된 장기적이며 이념적인 효과에 초점을 맞춘다는 점이 특징이다(Shanahan & Morgan, 1999). 커뮤니케이션학의 제 이론 중에서 '의제 설정 이론'과 더불어 가장 폭넓은 영향력을 가진 이론이면서 한편으로는 비판적 논란을 일으켜 온 이론이기도 하다. 펜실베이니아대학교 애넌버그(Annenberg) 커뮤니케이션 스쿨의 조지 거브너(George Gerbner) 교수가 개발했다.

배양 이론의 전제

'배양 이론'은 매우 광범위한 TV 효과 연구의 결과들을 집대성한 주장으로서, 다음과 같은 전제를 갖고 있다.

- TV는 미국 사회의 가장 중심적인 문화 무기다.
- TV는 많은 시간동안 다양한 이야기를 전달하는 가족의 주요 구성원이 되었다.
- 4시간 이상 중(重)시청자는 TV를 통해 정보, 지식, 기타 의식의 원천들을 포섭당한다.
- 동일 메시지에 대한 노출은 계발 효과를 가지거나 보편적 세계관, 보편적 가치관을 생산한다.

TV의 위력은 매시간 또는 매주 보이는 실생활 드라마의 상징적 내용으로부터 나온다. TV는 기본적으로 이야기이며, 사회의 이야기로 무엇이 존재하고, 무엇이 중요하며, 어떤 것이 어떤 것과 관계가 있는지, 무엇이 옳은지 등에 대해 그림을 제공해 주는 유일한 스토리텔러라는 기본 가정에서 출발한다고 할 수 있다. 그리고 사람들은 그 같은 위력을 지닌 TV에 의식을 지배당한다는 주장이다.

이준웅(2002)은 '대중매체가 사람들이 현실을 인식하는 데 영향을 미친다'는 주장은 대중매체의 효과를 논하는 이론 가운데 가장 강력한 효과, 즉 '현실 구성(construction of reality)' 효과를 언급하고 있다고 주장한다. 대중매체가 묘사한 현실은 실재하는 현실과 다르지만, 수용자는 대중매체를 통해 현실을 인식하기 때문에, 그들의 인식은 대중매체가 현실을 보여 주는 바에 따라 구성된다고 주장한다. 그렇기 때문에 '배양 이론'은 텔레비전의 장기적 효과를 주장하고 있으며, 나아가 집단의식에 미치는 일종의 이념적 효과를 논하고 있다고 할 수 있다.

TV 프로그램의 폭력지수

거브너는 프로그램에 대한 내용 분석과 수용자 서베이 결과를 연결시켜 배양 효과를 검증했다. 거브너는 매년 네트워크 TV의 폭력지수(violence index)를 조사했는데, 연구 결과 네트워크 프로그램의 80%에서 폭력적 행동을 발견했다. 1967년 이후 프라임 타임과 주말 낮 시간대 네트

'배양 이론(cultivation theory)'을 주장한 조지 거브너(George Gerbner, 1919~2005) ⓒ 커뮤니케이션북스

워크의 드라마를 매년 표본 추출해서 시행했으며 1979년 말까지 1491개의 프로그램, 4100명의 주역, 그리고 1만 4205명의 조역이 분석되었다. 분석자들은 두 명이 한 쌍이 되어 작업하고, 표본 추출된 모든 프로그램들은 이중으로 해독했다. 여기서 폭력에 대한 조작적 정의는 "줄거리 상에서 희생자로 위협받거나 죽거나 다치는 고통을 주는 물리력의 외부적 표현(무기 소지 여부나 자기 또는 타인에 상관없이)"이라고 규정했으며, 언어적 모욕이나 사소한 위협, 코미디 장르에서 나타난 슬랩스틱은 제외시켰다.

당시 미국에서 폭력에 관여될 실제 확률은 200분의 1 이하였으나, 미국의 주 시청 시간대 오락 프로그램 등장인물 가운데 폭력을 행사하는 인물의 비율은 약 65%였다. 미국 노동자의 범죄 관련 비율 역시 실제 발생비율은 1%였으나 TV에서는 12%로 나타났다. 미국 내에서 발생하는 살인, 강간, 약탈 등과 같은 폭력범죄는 실제 발생 비율은 10%였으나, TV에서는 77%로 나타났다(Gerbner & Gross, 1976).

배양 효과

이 같은 폭력물이 수용자에게 미치는 효과를 알아보기 위해 거브너는 수용자 조사를 실시했는데, 질문 내용과 관련된 변인은 네 가지다. 즉, ① 폭력에의 관여 기회 ② 밤에 혼자 걷는 것에 대한 공포 ③ 경찰 행위에 대한 인지 ④ 사람들에 대한 일반적 불신 등이다.

각각의 질문에 대한 응답은 텔레비전에서 나타난 비율과 실제 발생 비율이 매우 다르게 나타났다. 연구 결과, 중시청자와 경시청자가 서로 다른 전형적인 대답을 하는 경향이 나타났는데, 중시청자들은 TV에 나타나는 세계에 근접한 답을 하는 것으로 나타났다. 중시청자들은 강화된 불안감과 위협에 대한 느낌을 TV로부터 얻고 있었을 뿐 아니라, 범죄와 사기 등을 실제 비율보다 과대평가하는 경향이 있었으며, 세계를 불안한 장소라고 느끼고 있는 것으로 나타났다.

그 결과 거브너는 폭력 행동의 잦은 묘사는 시청자들에게 현실 세계의 폭력 발생에 대해 과대평가하게 만든다고 결론지었다. 즉 매스 미디어가 사람들에게 왜곡된 심상을 갖게 한다는 것이다. 그리고 매스 미디어가 공중의 마음에 잘못된 이미지나 인상을 배양시킨다는 점에서 이것을 매스 미디어의 '배양 효과(cultivating influence)'라고 명명했다. 즉 중시청자의 마음속에 실제 세상의 모습이 아닌 TV에서 보여지는 세상의 모습이 배양되어, '사악한 세계관(mean world view)'을 갖게 된다는 주장이다.

주류화와 공명

거브너는 '배양 효과'가 실제로 어떤 과정을 거쳐 나타나는가를 주류화(mainstreaming)와 공명(resonance)이라는 개념으로 설명했다. 주류화(mainstreaming)는 TV가 계발시키는 경향이 있는 모습의 상대적 공통성을 말한다. TV가 등장하기 이전에는 사람들의 생각이 그다지 획일적이지 않았으나, TV와 같은 대중매체가 비슷비슷한 내용을 유사한 이미지로 거듭 보여 주면서 획일적 이미지를 형성하게 되는 것이다. 거브너는 이 같은 주류화가 TV의

3B(Blurring, Blending, Bending) 과정을 통해 일어난다고 설명한다. 즉 중시청자들은 경계의 흐림, 혼합, 왜곡 과정을 거쳐 TV의 세계를 실제 세계인 양 받아들이게 된다는 것이다. 예를 들면 TV는 중산층을 찬양하고 중시청자들을 자신들의 수입과 상관없이 스스로를 중산층으로 인식하게 만든다. 이는 세상에 대한 사람들의 관점의 차이를 흐리게 만드는 것이다. 또한 TV는 실제 세계의 다양성을 TV에서 보이는 주류와 혼합시켜 버리며, 그로부터 현실을 왜곡시키도록 만드는 것이다. 중시청을 통해 사회 각 집단의 세계관이 하나로 수렴되는 현상이 나타나는 것이다.

공명이란 TV에서 보던 것들이 실제 세계에서 동일하게 일어났을 때 TV 매체의 영향력, 즉 계발 효과는 더욱 커진다는 것이다. 누구나 한 번은 물리적 폭력의 경험을 가지고 있는데, 실제 그 경험이 그다지 나쁘지 않았더라도 TV 화면에서 반복되는 상징적 묘사가 시청자들의 마음속에서 실제 경험을 되풀이하도록 함으로써 "TV 세계와 실제 생활환경이 일치되면서 공명효과를 가져옴으로써 증폭된 배양 형태로 나타나는 것"이다. 즉 TV를 통해 두 번 경험하는 것을 의미한다. TV의 '배양 효과'가 특정 집단에 편중되어 나타날 수 있는 가능성을 설명해 주는 근거라고 할 수 있다.

참고문헌

오미영 · 정인숙(2005). 『커뮤니케이션 핵심 이론』. 커뮤니케이션북스.

이준웅(2002). 미디어 이론으로 본 보도 현장: 문화계발 효과 이론. ≪신문과 방송≫ 2003년 5월호.

하종원(1993.2). 텔리비전 드라마가 시청자의 사회적 현실인식에 미치는 영향에 관한 실증 연구-문화계발 효과 이론을 중심으로. 서울대학교 박사학위 논문.

Baran, S. J. & Dennis K. Davis(2003). *Mass Communication Theory*.(3rd ed.). Toronto: Wadsworth/Thomson. pp. 322~331.

Dominick, J. R(2005). *The Dynamics of Mass Communications: Media in the Digital Age*. 8th Edition. McGraw-Hill, pp. 470~473.

Griffin, E.(2004). *A First Look at Communication Theory*(5th ed.). Boston: McGraw-Hill. pp. 380~388.

Stone, G., M. Singletary, W. Richmond(1999). *Clarifying Communication Theories: A Hands-On Approach*. Iowa State University Press. 250~258.

06

문화 연구

'문화연구(Cultural Studies)'의 가장 중요한 업적은 무엇보다 일상생활을 주요 연구 대상으로 부각시킨 점이다. '일상적인 것이 정치적인 것이다' 혹은 '문화는 평범한 것이다'라는 명제를 토대로 하고 있는 문화연구는 거대 담론이 간과했던 일상생활의 영역을 '문화'로 보고, 그것을 실천적인 연구 과제로 부각시켰다. '문화 연구'에서 문화란 단순히 고상한 예술이나 지식만을 의미하는 것이 아니라 우리의 일상생활 곳곳에 영향을 미치는 다양한 의미를 내포하고 있다.

문화 연구의 주요 개념과 범위

레이먼드 윌리엄스(Raymond Williams, 1921~1988)의 문화에 대한 정의는, 문화를 단순히 토대를 반영하고 토대에 의해 결정되는 상부구조의 한 부분으로 간주하는 속류 유물론이나 경제 결정론에 대한 비판을 담고 있다(박선웅, 2004). 한편 '문화 연구'의 또 다른 학자 에드워드 톰슨(Edward P. Thompson, 1924~1993)은 윌리엄스가 정의한 총체적 삶의 방식으로서 문화 개념보다는 문화들 간의 투쟁, 긴장, 갈등에 초점을 맞추고 있다는 점이 다르다. 그는 사회적 의식과 존재의 변증법적 상호작용을 통해 주어진 조건에서 인간들이 역사를 만들어 가는 과정을 중시했다.

'문화 연구'의 범위는 지구화 담론, 문화 대중주의 비판, 미학과 정치, 광고 산업과 광고 분석, 문화 산업론 등 다양하며, 궁극적으로 이론적 · 실천적 개입에 목표를 두고 있다고 할 수 있다. '문화 연구'에는 방법론적 · 이론적 혼합성과 정치적 실천성으로 인해 제도권으로 편입되는 것을 저항하는 요소가 있다. 그렇기 때문에 연구대상이 매우 포괄적이어서 학문적 경계 영역을 명확히 하기 어려운 점이 있다. 문화 연구를 다룬 저서들을 보면 과학의 가치중립성 논쟁, 페미니즘, 탈식민주의, 오리엔탈리즘, 퀴어 운동, 미디어 코드 분석 등 상관없을 것 같은 분야가 총망라

되고 있는 것도 그 같은 이유 때문이다. 따라서 스튜어트 홀 같은 문화연구론자들은 '문화 연구'의 가장 큰 특징으로 학제 간 연구를 꼽기도 한다.

문화 연구의 이론적 전통

'문화 연구'는 미디어에 대한 비판적 시각을 견지했던 유럽의 학문 전통과 닿아 있다. 미국의 매스컴 연구자들이 매스 미디어의 효과 연구에 치중하고 있을 때 유럽의 커뮤니케이션 연구 경향은 특정 미디어의 효과보다는 광범위한 문화적 주제에 관심을 갖기 시작했다. 마르크시즘, 대중사회 이론, 프랑크푸르트학파의 비판 이론 등이 그것이다. 유럽의 학문 전통이 거대 담론을 가져왔던 '거대 사회 이론(grand social theory)'에 근거하고 있다면, 미국은 실증주의에 입각해 증명된 사례들을 모아 집대성한 '중범위 이론'의 전통을 가지고 있다고 할 수 있다.

'문화 연구'는 1960년대 초 영국 신좌파의 이론적 입장을 배경으로 전통적인 마르크스주의의 한계를 넘어 대안적인 사회 분석의 틀을 찾고자 한 이론 틀로서, 문화주의라고도 불리지만 엄밀하게 말해서 문화 연구는 특정한 이즘(주의)을 경계하고 있기 때문에 그다지 적절한 표현은 아니다.

1960년대 이후 영국 버밍엄대학교의 현대문화연구소(CCCS: The Center for Contemporary Cultural Studies)를 중심으로 진행되어 온 문화 연구의 선구자들로는 리처드 호가트(Richard Hoggart, 1918～), 톰슨, 윌리엄스, 홀 등이 있다. 초기 문화 연구론자들은 1920～1930년대의 사상가 안토니오 그람시(Antonio. Gramsci, 1892～1937), 그리고 이들과 논쟁한 니코스 플란차스(Nicos Poulantzas, 1936～1979)나 루이 알튀세르(Louis Pierre Althusser, 1918～1990)와 같은 비판 이론가들과 이념적 연관성을 갖고 있다.

지금까지 진행된 문화 연구의 흐름을 원용진은 두 가지로 분류한다. 첫째는 마르크스주의적 진보성의 색채를 띠면서 사회변혁을 강조하는 합리성 강조의 문화연구 경향이다. 이는 계급, 성별, 인종, 지역 등 지배 · 피지배의 구도가 자본주의 사회 구성의 기본으로 보고 이를 역전 혹은 민주적인 구도로 돌리려는 작업이다. 이 경향성 안에서는 지배의 작동 방식을 폭로하고 그에 저항할 수 있는 가능성들을 타진하고 있다. 둘째 경향은 각 개인에게 주어지는 다양한 권력 작용을 자본주의 구성의 큰 흐름으로 보는 것이다. 다양한 권력 작용을 추적하며, 개인 차원에서 다른 흐름을 가진 권력 작용을 부추기는 데 초점을 맞추고 있다. 원용진은 1990년대 이후 이루어진 '문화 연구'의 수정주의는 둘째 경향성과 유사성을 가지며, 국내에서 언론학이 문화 연구를 본격적으로 받아들이게 된 때는 문화연구 패러다임 중에서도 이 같은 수정주의 패러다임이 강세를 떨칠 때라고 보았다. 1990년대 초반 해외 유학을 통해 '문화 연구' 세례를 받았던 학자들이 국내에 진출하면서 수정주의 패러다임에 따른 대중매체 논의를 본격적으로 소개했고, 국내 상황에 적용하려는 노력들이 이루어졌다고 평가했다(원용진, 2000).

스튜어트 홀의 문화 연구

미디어에 대한 문화 연구적 성과는 홀을 통해 구현되었다고 해도 과언이 아니다. 홀은 미국식의 실증적 미디어 연구에 매우 부정적이었다. 미국식의 투표 행동 연구, 브랜드 로열티, 폭력 행동 연구 등은 미디어가 감추고 있는 권력 갈등을 밝혀 내지 못한다고 주장한다. 그것은 메시지를 문화와 분리시키는 학문적 태도이며, 때문에 자신의 연구는 '미디어 연구'가 아닌 '문화 연구'라고 강조했다.

그는 문화를 지배적인 힘과 저항적인 힘을 포함한 사회의 다양한 힘들이 서로 경합을 벌이는 일종의 열린 장으로 보아야 한다고 주장했다. 때문에 홀은 9·11 사태를 몇 %

미디어에 대한 문화 연구적 성과를 구현한 스튜어트 홀(Stuart Hall, 1932~) ⓒ 커뮤니케이션북스

의 미국인이 사담 후세인에 대항하는 싸움에 참여하는가에 관심을 갖기보다는 미디어가 어떻게 이라크 침공에 대해 통일된 지원을 만들어 내는가에 관심을 가졌다.

홀의 연구는 '문화 연구'가 가지는 학제 간 연구의 특성을 그대로 반영해 마르크시스트의 경제 결정론, 프랑크푸르트학파, 기호학의 텍스트 분석 등에 걸쳐 있다는 점이 특징이다. 홀은 담론의 중요한 기능은 의미를 만드는 것이라고 주장했다. 홀은 단어 자체가 의미를 가지는 것이 아니라 담론 즉 커뮤니케이션과 문화를 통해서 의미를 만들어나간다고 주장한다. 사회 구성원들이 언어를 배우고 의미를 배우는 것은 원래 만들어진 것을 배우는 것이 아니라, 어떤 상징이나 기호가 담론을 통해서, 즉 커뮤니케이션과 문화를 통해서 어떤 의미를 가지는가를 배우는 것이라고 설명한다.

의미가 담론으로부터 온다는 것을 보여 주기 위해서 홀은 신호등의 색깔이 가지는 의미를 예로 들고 있다. 적색불은 '서시오', 녹색불은 '가시오'라는 것을 어떻게 배우게 되었는가 생각해 보면, 처음에 누군가가 신호등 색깔의 의미를 말해 준 사람이 있었을 것이라는 것이 홀의 주장이다. 바로 그 담론의 첫 번째 화자를 밝히는 것이 중요하다는 것이다.

참고문헌

김현미(1997), 페미니즘과 문화연구는 행복하게 만나는가, ≪현대사상≫ 3, 83~102.

박근서(2000). 민족방법론과 커뮤니케이션 문화연구, ≪한국언론학보≫ 44권 1호, 168~203.

박선웅(2004). 스튜어트 홀의 문화연구-이데올로기와 재현의 정치, http://mogoon.com/zboard/zboard. php?id=21&no=193

신광현(2001). 문화연구의 전개와 특징, http://zizine.ttboard.com/ttboard/ttboard.cgi?act=view&code= 4&bname=CULTURE&page=1

오미영 · 정인숙(2005). 『커뮤니케이션 핵심 이론』. 커뮤니케이션북스.
원용진(2000). 문화연구 미디어논의의 반성과 전망. ≪한국방송학보≫ 14권 3호, 185~230.
임영호 편역(1996). 『스튜어트 홀의 문화이론』. 한나래.
현실문화연구 편(2000), 『문화읽기: 삐라에서 사이버문화까지』.
알렌 R. 편, 김훈순 옮김, 『텔레비전과 현대비평』. 나남, 1992. 345~364.
지아우딘 사르다르, 이영아 옮김(2002). 『문화연구』. 김영사.
Althusser, L.(1971). On Ideology and Ideological State Apparatuses, in *Lenin and Philosophy and Other Essays*. New York: Monthly Review Press, 127~136.
Baldwin, E. et al.(1999). *Introducing Cultural Studies*. London: Prentice Hall.
Baran, S. J. & Dennis K. Davis(2003). *Mass Communication Theory*.(3rd ed.). Toronto: Wadsworth/Thomson. pp. 226~236.
Giles, J. and Tim Middleton(1999). *Studying Culture: A Practical Introduction*. London: Blackwell.
Griffin, E.(2004). *A First Look at Communication Theory*(5th ed.). Boston: McGraw-Hill. pp. 366~377.
Hall, S.(1985). Signification, Representation, Ideology: Althusser and the Post-Structuralist Debates, *Critical Studies in Mass Communication, 2*, 91~114.
Hall, S.(1996). Cultural Studies: Two Paradigms, in *What is Cultural Studies?: A Reader*, ed. John Storey(London: Arnold), 31~48.

07

침묵의 나선 이론

'침묵의 나선 이론(Spiral of Silence Theory)'은 독일의 여성 커뮤니케이션 학자 엘리자베트 노엘레 노이만(Elisabeth Neolle- Neumann, 1974/1980)이 주장한 여론 형성 이론으로서,[1] 우리나라에서도 매우 대중화한 이론이다. 이 이론의 핵심 내용은 사람들은 새로운 생각에 당면했을 때 각자 재빠른 판단을 하는데(quick

1) 노엘레 노이만의 논문은 1974년 발표되었으며, 1993년에 책으로 출간되었다.: Elisabeth Noelle-Neumann(1974). The spiral of silence: A theory of public opinion. *Journal of Communication 24*(2): 43~51.; Elisabeth Noelle-Neumann,(1993). *The Spiral of Silence.* The University of Chicago Press, Chicago.

check, or quick assesment), 사람들이 가지고 있는 유사 통계적 감각기관(a quasi-statistical sense organ)에 의해 자신이 판단한 생각이 그 의견을 지지하는 것이면 더욱 자신 있게 말하고, 그렇지 않으면 침묵해 양방의 결속이 '침묵의 나선 효과'를 가져온다는 것이다.

침묵의 나선 이론의 배경

노엘레 노이만의 주장은 나치 정권에서 선전성 장관을 지냈던 요제프 괴벨스(Josef Göebels)와 같이 일했던 경험에서 비롯된 것으로서, 2차 세계대전 이전 독일에서 겪은 사회적 · 정치적 경험에서 나온 것이라고 한다. 노엘레 노이만은 매스 미디어가 여론 형성에 강력한 효과를 미치고 있는데도 연구의 한계 때문에 과거에는 이러한 효과가 과소평가되거나 발견되지 않았다는 인식에서 출발하고 있다.

노엘레 노이만의 이론은 뉴스 매체의 역할과 여론 형성 과정을 연결했다는 점에서 매우 역동적인 모델로 평가받는다. 그러나 '의견 분위기(opinion climate)'를 형성하는 데서 매스 미디어의 역할과 침묵의 나선과 같은 개념은 사실상 새로운 것은 아니다. 다만 그것들을 보다 광범위한

'침묵의 나선 이론(Spiral of Silence Theory)'을 주장한 노엘레 노이만
(Elisabeth Neolle-Neumann, 1916~2010) ⓒ 커뮤니케이션북스

여론 이론으로 통합했다는 점에서 주목을 받는다. 매스 미디어가 개인을 둘러싼 의견의 분위기를 형성하는 데 탁월한 역할을 하고 있다는 점에 주목함으로써 당시 '제한 효과' 패러다임에 머무르던 매스 미디어의 역할을 '강효과 패러다임'으로 회귀시킨 것이다.

'침묵의 나선 이론'은 매스 미디어의 강력 효과를 주장하는 이론들인 '의제 설정 이론'이나 '배양 이론'과 같은 연장선상에 있는 이론이다. '침묵의 나선 이론'은 '의제 설정 이론'과 비슷하나 보다 거시적인 이론으로서 장기적 효과를 중시하고 있다. 그리고 개인들은 의견을 갖고 있다는 것이 '침묵의 나선 이론'의 제1의 전제라고 할 수 있다.

제6의 감각기관

노엘레 노이만은 사람들이 여론의 분위기를 정확하게 감지할 수 있는 능력을 가지고 있다는 점에 주목한다. 흔히 과학적으로나 통상적으로 인간이 환경에 대해 감지하는 신체 기관을 말할 때 오감, 즉 눈(시각), 귀(청각), 혀(미각), 코(후각), 피부(감각)를 말한다. 노엘레 노이만은 여기에 사람들이 생각하고 느끼는 것에 대해 믿을 만한 정보를 제공하는지를 감지할 수 있는 제6의 감각기관, 우리가 흔히 쓰는 표현으로 '육감'이라는 것이 있다고 믿은 것이다. 그것은 마치 사회적으로 부는 모든 바람의 움직임을 감지하는 안테나와 같은 것이다. 그뿐만 아니라 사람들이 자신에 대해 혹은 특정한 생각에 대해 가지는 호감이나 반감이 일어날 때 그것을 거의 동시에 정확하게 감지하는 것도 이 육감의 작동에 의한 것이라는 설명이다.

노엘레 노이만은 사람들의 머릿속에 들어 있는 이와 같은 감각적 기상 변화를 알아보기 위해 두 가지 질문을 던진다.

첫째, 여러분의 생각과 상관없이 여러분은 대부분의 사

람들이 어떻게 생각한다고 생각하는가?(현재의 분위기)

둘째, 지금부터 1년 뒤에도 사람들이 이렇게 생각할 것이라고 생각하는가?(미래 예측)

이 두 가지 질문에 대해 사람들은 '내가 어떻게 그것을 아나요?'라든가 '난 점술사가 아니에요'라든가 하는 반응을 보이지 않았다는 것이다. 32년간의 서베이 결과 사람들은 매우 자연스럽게 그리고 정확하게 현재와 미래의 공중의 의견이나 분위기를 평가하고 있었다는 것이다. 그런데 노엘레 노이만은 어떤 생각이 상승 곡선을 탈 것인가 하향 곡선을 그릴 것인가를 판단하는 것은 대단한 에너지의 소비를 요구하는 일이라고 주장한다. 사회적 분위기나 주변의 분위기에 대해 끊임없이 정신을 집중해야 하는 일이기 때문이다. 그러나 그와 같은 노력은 자신이 관계로부터 멀어지거나 자신의 의견이 남들과 다를 때 느끼게 되는 고립감과 비교하면 아무것도 아니라는 것이다.

침묵의 이유 – 고립의 두려움

노엘레 노이만이 설명하는 침묵의 이유는 준통계적 감각능력에 의한 것에서 출발해 고립의 두려움과 동조성(conformity), 타인의 판단 능력에 대한 의심 등이 있다.

노엘레 노이만에 따르면 고립의 두려움은 침묵의 나선

효과를 가속화하는 원심력이라고 설명한다. '침묵의 나선 이론'은 심리학자 솔로몬 애시(Solomon Asch)의 유명한 '동조연구(conformity research)'에 의존하고 있다. 애시는 사람들이 인지된 집단 압력에 굴복해 자신들이 확실하게 믿고 판단하는 것조차도 거부한다고 주장했다.

A ______________

B ___________________

C ____________

X ______________

예를 들면 위에 4개의 선이 있다. 어떤 선이 선 X와 길이가 똑같은가? 정답은 명백하게 A다. 그러나 실험 집단을 만들어 정답이 B라고 입을 맞추자고 약속한 뒤 한 사람을 그 실험 집단에 투입시켰을 때 그는 매우 당혹감을 느끼게 된다. 분명히 A가 정답이라고 생각하면서도 주위 사람들이 모두 B라고 대답하게 되면, 만약 내가 A라고 말하면 이 사람들이 나를 이상하게 생각하지 않을까, 내게 화를 내지 않을까, 아니면 더 나아가 나를 조롱하지 않을까 걱정에 빠진다는 것이다. 그리고 이 같은 심리적 과정은 어떤 특정 국민들에게 나타나는 특징이 아니라 대다수 사람들이 집단 압력에 직면할 때 경험하게 되는 불안 심리라는 것이다.

또한 사람들은 고립을 피하기 위해서라기보다 승자와 동질성을 유지하기 위한 갈망에서 동조할 가능성도 있다고 노엘레 노이만은 설명하고 있다. 예를 들면 중요한 선거가 끝난 후 실제보다 더 많은 사람들이 자신은 승자에 투표했다고 응답하는 결과가 나오고 있는 것이 이와 같은 현상을 잘 말해 준다. 이와 같은 행위는 뒤늦게 승자에 편승하려는 시도나 반사된 영광을 취하려는 시도라기보다는, 가치가 적재된 어떤 이슈로부터 벗어나 있음으로써 받게 되는 사회적 오명을 피하기 위한 방어 전략이라는 것이다. 비록 이 같은 편승 전략이 순응주의자라는 낙인을 찍는다 해도 그와 반대되는 입장에 서는 것보다 나쁘지 않을 것이라고 사람들은 생각한다는 것이다. 노엘레 노이만은 범죄자나 도덕적 영웅 등을 제외하고는 대부분 이와 같은 사고 성향을 나타내고 있다고 설명한다.

다른 사람의 판단 능력에 대한 의심 역시 침묵을 가속화하는 한 요인이다. 이로 인해 다수가 공유할 수 있는 아이디어이지만 사람들이 말하기를 꺼려함으로써 그 지위가 소수자의 지위로 줄어들게 된다는 것이다. 노엘레 노이만은 이것을 '다원적 무지(pluralistic ignorance)' 효과라고 이름 붙였다. 즉 다수의 사람들이 실제와는 반대되는 의견의 방향으로 강하게 믿게 되는 어리석은 상황이 초래된다는 것이다. 노엘레 노이만은 낙태 찬성론자와 반대론자 중에서 반대론자들의 주장이나 법률이 많아서 찬성론자들은 자연히 소수 집단으로 자리매김한다는 것이다. 그러나 실제 여론 조사를 해 보면 정반대의 결과가 나왔으며, 소총 소지 문제, 인터넷 음란물 문제도 마찬가지라는 것이다.

그러나 침묵의 이유는 사회적 상황이나 미디어 환경에 따라 달라질 수 있다. 양승찬(2002a)은 세 가지 이유를 제시한다. 첫째는 미디어와 여러 집단과 단체가 특정한 이슈를 도덕성이라는 차원으로 틀 지우는 과정에서 이슈와 관련한 다면성을 제시하지 않은 채 다양한 견해를 가진 사람들을 침묵하게 하는 결과를 가져올 수 있다.

둘째는 흔히 냄비언론이라고 비판받는, 이슈에 대한 단면적 보도의 문제를 지적할 수 있다. 우리 언론에서는 노엘레 노이만이 전제한 누적적이고 지속적인 이슈에 대한 논의를 찾기 힘든 경우가 많다. 이슈에 대한 논의가 언론에서 지속적으로 발견되지 않는 상황에서 다수의 의견에 속한다고 일시적으로 생각한 사람이 추가로 의견 개진을 할 충분한 사회적 동기가 부여될 수 있는지도 의문이다.

셋째는 침묵하는 다수와 의견 표명을 하는 다수가 구분이 되지 않는 상황에서 언론이 행하는 예측을 생각해볼 수 있다. '침묵의 나선 이론'을 비판하는 사람들은 '미디어–사회적 지각–정치적 행동'으로 이어지는 일련의 과정에서 투표 행동을 마지막 단계로 보는 것에 한계가 있다고 주장하고 있다.

침묵의 나선 과정과 매스컴의 역할

노엘레 노이만은 이와 같은 나선 과정이 나타나는 이유는 매스 미디어가 가지는 다음 세 가지 특성에서 비롯된다고 주장한다.

- 편재성(ubiquity): 미디어는 정보 소스로서 어디에나 있다는 점이다.
- 누적성(cumulation): 다양한 뉴스 미디어들이 시간이 지나며, 서로 다른 미디어 내용과 프로그램을 서로 반복하는 경향이 있다는 것이다.
- 일치성(consonance): 뉴스 내용에 영향을 미치는 언론인들이 가지는 가치의 유사성, 매스 미디어에 의해 공유되는 사건이나 이슈에 대한 통일적 이미지를 말한다. 이는 거브너가 배양 효과 이론에서 제시한 공명 개념과 유사하다.

노엘레 노이만은 뉴스가 선택·확산되는 방식이 다양하고 깊이 있는 뉴스 보도를 방해한다고 주장한다. 실제로 일치성이 일어날 수밖에 없는 언론인들의 취재 구조가 있다. 대부분의 언론사들이 같은 취재원에 의존하고 있다는 점이다.

매체 간 서로 참고하고 상호작용하면서 기사 베끼기를 하기 때문에 특색 없이 비슷비슷한 뉴스가 생산된다. 가정에 배달되기 전 저녁, 주로 서울 시내 가두판매용으로 발행되던 초판 신문이었던 가판 신문이 대표적인 예다. 가판은 과거 정부·기업의 기사 로비 창구로 이용되어 왔으며, 아침 신문을 구문(舊聞)으로 만들어 버리는 부작용은 물론, 서로의 기사를 참고해 한국 신문을 '붕어빵'으로 만드는 결과를 가져왔다. ≪중앙일보≫가 2003년에 가판 신문을 없앤 데 이어, 2005년 ≪조선일보≫가 3월 7일 자부터, ≪동아일보≫가 4월 2일 자부터 가판 폐지를 선언한 것도 이와 같은 폐단을 없애기 위한 것이었다. 신문사들의 가판 폐지는 신문 상호 간, 신문·방송·인터넷 등 매체 간 기사 전쟁과 뜨거운 취재 경쟁을 유인함으로써 신문 간 차별화를 가져왔다.

침묵의 나선 이론의 장단점

장점

- 거시적이면서도 미시적인 설명력을 가졌다.
- 이론이 매우 역동적이다.
- 여론의 움직임, 특히 선거 기간 동안 여론의 동향을 설명해 준다.
- 뉴스 매체의 역할과 책임에 대해 중요한 문제 제기를 해 준다.

단점

- 전반적으로 미디어의 영향력과 보통 사람들에 대해 회의적 관점을 가진다는 점이다.
- 침묵의 이유를 지나치게 단순화시키고 있다.
- 침묵 효과에서 나타날 수 있는 인구학적, 문화적 차이를 간과하고 있다.
- 침묵 효과에 대항할 수 있는 공동체의 힘을 평가절하하고 있다.

한편 노엘레 노이만의 '침묵의 나선 이론'은 방법론적 독창성 면에서 평가를 받는다. 그녀는 의견의 분위기, 투표 의도, 소외의 두려움, 의견 제시의 자발성 등의 변인을 측정하기 위해서 매우 다양한 방법론을 사용했다. 횡단 서베이 조사(cross-sectional surveys), 패널 연구(panel studies), 언론인 서베이, 미디어 내용 분석(content analysis) 등이 그녀가 사용한 방법들인데, 그녀는 연구 문제를 해결하기 위해 질적 양적 방법론을 골고루 사용한 몇 안 되는 학자 중의 한 사람이었던 것이다.

'침묵의 나선 이론'은 1988~1989년 미국 오렌지카운티 지역의 당 지지도에 대한 조사에서는 효과가 입증되지 않았다. 그러나 1991년 걸프전에서 미국은 진실로 합의를 했는지, 아니면 미디어 보도가 전쟁 반대 여론을 약화시키는 침묵의 나선 효과를 가져왔는지에 대한 연구에서는 효과가 입증되었다. 그러나 침묵의 이유는 노엘레 노이만이 말한 사회적 소외에 대한 두려움보다는 남들 따라서 행동을 취하는 '밴드 왜건 효과(bandwagon effect)' 때문이었다.

이 이론은 '의제 설정 이론'이나 '배양 효과 이론'보다 이론적 깊이는 약하지만 아이디어 자체는 매우 오랫동안 국제적으로 관심을 받아 왔다. 또한 방법론적으로 설문지에 근거한 가설적 측정보다는 말하고 싶어 하는 자발성에 대한 관찰 방법을 쓰는 것이 적절하다는 지적도 있었다. 즉 아이디어는 훌륭하지만 방법론적 약점과 모호성에 대한 비판이 지배적이다. 다른 한편으로 이 이론은 보편적 현상에 대한 설명이라기보다는 노엘레 노이만의 개인적이며 정치적인 경력에 대한 조작이라는 비판도 없지 않다.

참고문헌

김우룡(2002). 『커뮤니케이션 기본 이론』. 나남. 79~91.

박재영 · 김세은(2004). 열독신문에 대한 비판이 독자의 신뢰도 인식에 미치는 영향: 제3자 효과를 중심으로. ≪한국언론학보≫ 48권 5호, 295~318.

송경희 · 이수영(2000). 외국 위성방송 수신과 제3자 효과. ≪한국언론학보≫ 44권 2호, 150~185.

양승목(1997). 여론조사와 제3자 효과: 여론조사의 영향에 대한 국회의원의 지각적 편향을 중심으로. ≪언론과 사회≫ 18호, 나남, 6~28.

양승찬(1998). 제3자 효과 가설과 침묵의 나선 이론의 연계성: 여론조사 보도에 대한 제3자 효과 지각과 공개적 의견표명과의 관계를 중심으로. ≪한국언론학보≫ 43권 2호, 109~141.

양승찬(1999). 매스 미디어의 제3자 효과 연구에 대한 비판적 고찰. ≪언론정보연구≫ 36호, 159~185.

양승찬(2002a). 미디어 이론으로 본 보도현장 4: 침묵의 나선 이론. ≪신문과 방송≫ 1월호, 53~59.

양승찬(2002b). 미디어 이론으로 본 보도현장 5: 제3자 효과 가설. ≪신문과 방송≫ 2002년 2월호, 68~73.

오미영 · 정인숙(2005) 『커뮤니케이션 핵심 이론』. 커뮤니케이션북스.

주정민(2002). 인터넷이용과 제3자 효과. ≪한국방송학보≫ 16권 1호, 367~394.

한균태 · 차동필(2002). 언론사 세무조사와 제3자 효과. ≪한국방송학보≫ 16권 1호, 395~429.

한균태 · 차동필(2003). 공익광고와 제3자 효과. ≪한국언론학보≫ 47권 3호, 38~59.

Baran, S. J. & Dennis K. Davis(2003). *Mass Communication Theory.*(3rd ed.). Toronto: Wadsworth/Thomson. pp. 315~320.

Class Bios of Elisabeth Noelle-Neumann Available: http://www.utexas.edu/coc/journalism/SOURCE/j363/neumann.html

Cohen, J.(2001). Examining Davison's Third-Person Effect in Communication: Is it a Theory, or Just a Convenient Explanation? Available: http://www.d-42.com/thirdperson.html

Davison, W. P.(1983). The Third-Person Effect in Communication. *Public Opinion Quarterly, 47,* 1~15.

Ran, Wei(2002). Third-person effect, gender, and pornography on the internet. *Journal of Broadcasting & Electronic Media.*

Simpson, Christopher(1996). Elisabeth Noelle-Neumann's "Spiral of Silence" and the Historical Context of Communication Theory. *Journal of Communication, 46*(3), 149~173.

Stone, G., M. Singletary, W. Richmond(1999). *Clarifying Communication Theories: A Hands-On Approach.* Iowa State University Press. pp. 259~266(29.Spiral of Silence).

08

틀짓기 이론

사회학자 어빙 고프먼(Erving Goffman, 1974)이 주창한 '틀짓기 이론(Framing Theory)'은 틀짓기를 사물에 대한 관찰과 이해 과정, 즉 경험의 조직화 과정이라고 정의하고 있다. 사람마다 사물을 바라보거나 해석할 때 사용하는 준거 틀과 스키마(schema)가 다르며, 누구나 적극적으로 자신의 가치와 관점을 이용해 세상을 이해한다는 것이다.

틀짓기의 개념

'틀짓기'란 사회심리학에서 널리 사용되는 사회학적, 심리학적 구성체(construct)를 의미하는 바, 정보가 구축되고 정의되고 이름 붙여지고 분류되는 일반 원칙을 말한다. '틀짓기 이론'의 일반적 가정은 맥락(context)이 우리의 행동과 이해를 특징짓는다는 점이다. 정신질환자들의 커뮤니케이션 패턴을 분석한 연구에 의하면, 정신질환자들은 관습적인 틀짓기 메시지를 이해하지 못하거나 이해하지 않으려고 한다는 것이다. 즉 맥락의 메시지를 일반 사람들과 매우 다르게 틀짓기한다는 것이다.

틀짓기의 한 예로 좌익 정치를 묘사하는 표현으로 사용되는 진보적(progressive)이라는 표현을 들 수 있다. 진보적이라는 표현은 개선, 전진의 의미를 포함하고 있기 때문에 자연히 우익 정치 노선은 퇴보 또는 후퇴를 의미하게 되는 효과를 가져오게 된다. 친생명적(pro-life)이라는 표현도 마찬가지다. 반대는 반생명적이거나 친죽음이 된다. 즉 논쟁의 가능성이 있는 용어나 메타포를 사전에 설정함으로써 담론의 가능성을 미리 제한하는 것이다.

커뮤니케이션 그 자체는 어떤 틀과 함께 진행된다. 커뮤니케이션 프레임의 요소에는 메시지, 수용자, 메신저, 매체, 이미지, 맥락, 고도의 도덕적 개념적 틀 등이 모두

'틀짓기 이론(Framing Theory)'을 주창한 사회학자 어빙 고프먼(Erving Goffman, 1922~1982) ⓒ 커뮤니케이션북스

포함된다. 물론 언어의 선택은 필수적인데, 이는 언어가 개념적 틀을 일깨우기 때문이다.

미디어 틀짓기의 의미와 중요성

'미디어 틀짓기(media framing)'는 매스 미디어가 현실의 어떤 측면을 선택하고 강조하고 수용자에게 설명하는 반면, 다른 것은 소홀히 하고 무시하는 보도 성향을 일컫는다. 로버트 엔트만(Robert Entman, 1993)은 뉴스 수집은 곧 틀짓기라고 결론을 내린다. 왜냐하면 뉴스 수집이란

① 인지된 현실의 어떤 측면을 선택하고 ② 그것에 초점을 맞추고 ③ 그것들을 특정한 문제의 형태로 발전시킬 수 있는 방식으로 커뮤니케이션하고 ④ 그 원인을 해석하고 ⑤ 도덕적 판단을 내리고 ⑥ 기술한 문제에 대한 처방을 내리는 과정이기 때문이라는 것이다.

방송국에서 TV 뉴스가 만들어지는 과정 역시 '틀짓기 이론'에 의해 설명이 가능하다. 뉴스는 세상을 바라보는 창이고 수용자들은 그 틀을 통해 자신들과 타인에 대해 배운다. 따라서 뉴스는 끊임없이 사회 현상을 정의하고 재정의하고 대체하고 또다시 대체하는 것이다. 즉 언론이 특정 시각을 중심으로 재구성되는 것을 의미한다. 사회 현안을 다룬 보도는 특정 시각을 중심으로 구성된 프레임을 포함하며, 이것은 뉴스 소재의 선택부터 특정 시각의 강조와 축소, 배제 등의 뉴스 구성 방식에 이르기까지 다양한 과정을 통해 형성된다. 예를 들어 갈등 이슈의 경우에는 대부분 본질보다는 갈등성을 부각시킨다(김원용 · 이동훈, 2004).

뉴스 틀짓기의 한 예를 들어 보자. 안락사에 대한 보도를 하는 경우 이를 어떤 관점에서 보도하는가에 따라 수용자의 이해가 달라질 수 있다. 예를 들면 안락사를 '의사가 도와주는 자살'이라는 관점에서 보도하느냐 아니면 '죽을

권리'라는 측면에서 보도하느냐는 해당 매체의 틀짓기에 달려 있다. 전자는 의학적 법적 이슈로 틀짓기하는 것이라면, 후자의 보도는 도덕적 이슈가 아닌 개인적 선호의 문제로 틀짓기하는 것이다.

뉴스 프레임이 중요한 이유는 이것이 뉴스의 주체적 구성을 통해서 그리고 뉴스 어휘의 사용, 강조와 생략, 은유와 직유와 같은 수사적 장치, 시각적 양태의 정보 제공과 같은 방법을 빌려 문제가 되는 사태에 대한 전체적인 해석을 제공하기 때문이다. 따라서 언론의 프레이밍 효과란 뉴스 프레임이 구성되는 방식에 따라 뉴스에 대한 개인의 해석과 의견이 달라지는 효과를 의미한다. 즉 뉴스의 내용과 설득적 함의가 지닌 영향력도 중요하지만 '뉴스 스토리를 구성하는 방식'이 개인의 인식, 해석, 그리고 의견에 미치는 영향이 보다 미묘하고도 중요하다(이준웅, 2005).

뉴스 프레임은 수용자들이 정보를 분류, 해석, 평가하는 데 도움을 준다. 사람들의 뉴스에 대한 생각은 그것이 틀짓기되는 방식에 따라 달라지기 때문이다. 따라서 뉴스를 어떻게 틀짓기 하느냐에 따라 사람들의 생각을 바꿀 수 있다는 것이다. 어떤 뉴스를 서로 다른 프레임으로 작성한 뉴스-갈등 프레임, 휴먼 인터레스트 프레임, 개인적 영향 프레임 등-를 각각 다른 집단에 보여 준 결과, 서로 다른 심리 효과가 나타나고 있기 때문이다. 미디어 프레임에 의해 개인의 해석 프레임이 달라지고, 이것이 여론의 형성에 영향을 미칠 수 있다는 점에 미디어 틀짓기의 중요성이 있다고 할 수 있다.

피파 노리스(Pippa Norris, 1995)는 미국 뉴스 매체들의 냉전 보도에 대한 프레이밍을 조사했다. 그 결과 냉전 문제가 국제 문제로 틀짓기되었고, 사실상 모든 국제적 사건을 슈퍼파워 간 경쟁의 개념으로 틀짓기하고 있다는 결론을 내렸다. 즉, 모든 냉전 보도에서 대부분 어떤 국가는 동맹으로 다른 국가는 적국으로 정의되었다는 의미다.

대중문화 표현에서도 프레이밍 효과가 나타난다. 즉 매스 미디어는 어떤 새로운 개념을 주고 이것을 자주 사용함으로써 공중의 단어로 통과시킨다. 예를 들면 1980년대의 SDI(Strategic Defense Initiative)를 Star Wars로 패러디하면서 SDI가 레이건의 스타워즈 방위 프로그램으로 알려지게 된 것이 한 예다.

미디어 틀짓기의 유형과 영향 요인

뉴스 프레임은 어떤 요인에 의해 결정되는가? 디트렘 쉐펠(Dietram A. Scheufele, 1999)은 언론인의 개인 차원과 미디어 조직의 차원, 그리고 사회적인 압력 등이 프레임 형성에 영향을 미친다고 말한다. 그에 따르면 직접적인 뉴스 생산자인 언론인은 자신의 이데올로기, 태도, 그리고 내면화된 전문적인 규범에 근거해 이슈에 대한 프레임을 만들어내고 이에 대한 의미를 부여한다. 둘째로 뉴스 조직의 형태나 특정 미디어의 정치적 성향 등이 프레임 선택에 영향을 미칠 수 있다. 마지막으로 보다 광범위한 맥락에서 정치인, 정부, 이익집단, 엘리트 집단 등이 미디어의 프레임 결정 및 형성에 영향을 줄 수 있다(김훈순, 2004에서 재인용).

쉐펠은 기존 연구에 나타난 미디어 프레임의 유형을 관련 주체(미디어와 개인 차원), 영향력 선후관계(독립변인과 종속변인) 등의 기준을 중심으로 분류하고 있다. 이에 따르면 4가지의 프레임이 나타난다. 독립변인으로서 미디어 프레임, 종속변인으로서 미디어 프레임, 독립변인으로서 개인 프레임, 종속변인으로서 개인 프레임 등이 그것이다.

미디어 프레임은 매스 미디어나 특정한 정치 사회 운동 또는 조직에 의해 만들어질 수 있다. 또한 언론이 헤드라인, 단수, 사진 등 가능한 형식적인 수단을 동원해서 또 기사나 사설의 내용과 관점을 특정 방향으로 몰고 감으로써 이슈에 대한 특정 프레임(틀)을 형성할 수 있다. 뉴스 프레임은 뉴스가 수용자들에게 어필하도록 그리고 직 · 간접적으로 그 이슈에 대한 판단에 영향을 미치도록 하는 데 사용되는 주제나 스타일일 수 있으며, 방송 뉴스의 컷이나 카메라 앵글일 수도 있다.

동일한 사건이나 이슈에 대해 공영방송과 민영방송이 서로 다른 보도 태도를 보이고, ≪조선일보≫와 ≪한겨레신문≫이 사설에서 서로 다른 입장을 견지하는 것을 여러 가지 커뮤니케이션 이론으로 설명할 수 있겠지만, '틀짓기 이론' 역시 그중의 하나로 적용할 수 있는 것이다.

참고문헌

강내원(2002). 사회갈등보도기사의 비판적 읽기: 언론의 새만금 간척사업 프레이밍에 대한 갈루아 레터스 분석. ≪한국언론학보≫ 46권 3호, 5~44.

김선남(2002). 매매춘관련 TV뉴스의 프레임 분석. ≪한국방송학보≫ 16권 2호, 41~76.

김원용 · 이동훈(2004). 신문의 보도 프레임 형성과 뉴스 제작 과정에 관한 연구. ≪한국언론학보≫ 48권 4호, 351~380.

김훈순(2004). 한국언론의 젠더 프레임. ≪한국언론정보학보≫ 통권 27호, 63~89.

나미수(2004). 핵폐기장 유치에 대한 텔레비전 뉴스 프레임 분석. ≪한국언론정보학보≫ 통권 26호.

나은경(1998), 뉴스 프레이밍 방식의 차이가 사회적 현실에 대한 태도 대응방식에 미치는 영향, 서울대학교석사학위 논문, 1998, p6

박경숙(2002). 집단갈등 이슈의 방송 뉴스 프레임 분석: 의약분업 뉴스 프레임을 중심으로. ≪한국언론학보≫ 46권 2호, 310~340.

반현 · 최현석 · 신성혜(2004). 유권자의 투표선택과 뉴스 미디어의 점화 효과: 17대 총선의 선거 이슈를 중심으로. ≪한국방송학보≫ 18권 4호, 398~443.

오미영 · 정인숙(2005). 『커뮤니케이션 핵심 이론』. 커뮤니케이션북스.

이준웅(2005). 갈등적 사안에 대한 여론 변화를 설명하기 위한 프레이밍 모형 검증연구. ≪한국언론학보≫ 49권 1호, 28~56.

Baran, S. J. & Dennis K. Davis(2003). *Mass Communication Theory.*(3rd ed.). Toronto: Wadsworth/Thomson. 338~343.

Framining and Priming Theory: http://www.csun.edu/~rk33883/Framing%20Theory%20Lecture%20Ubertopic.htm, http://epse501.freeservers.com/index.html

Goffman, Erving(1974). *Frame Analysis: An Essay on the Organization of Experience.* London: Harper and Row.

Klandermans, Bert.(1997). *The Social Psychology of Protest.* Oxford: Blackwell.

Scheufele(1999). Framing as a Theory of Media Effects. *Journal of Communication, 49*(1).

Stone, G., M. Singletary, W. Richmond(1999). *Clarifying Communication Theories: A Hands-On Approach.* Iowa State University Press. 276~288.

Tannenbaum, P. H.(1953). The effect of headlines on the interpretation of news stories. *Journalism Quarterly, 30*(2), 189~197.

Wikipedia. http://en.wikipedia.org/wiki/Framing_(communication_theory)

09

뉴미디어의 이용과 채택 이론

뉴미디어의 채택 및 요인과 관련된 이론으로서 가장 많이 사용되는 이론은 뉴미디어의 채택이 확산되어 나가는 과정에 초점을 맞춘 '개혁 확산 이론(Innovation Diffusion Theory)'과 수용자의 기술에 대한 인지도와 유용도 변인에 초점을 맞춘 '기술수용 모형(TAM: Technology Acceptance Model)'이 있다. '이용과 충족 이론'이 종속변인으로서 충족의 효과에 더 비중을 두고 있다면 뉴미디어의 이용과 채택 이론은 독립변인으로서 이용의 원인이나 이유에 초점을 맞추고 있다는 점에 차이가 있다고 할 수 있다.

뉴미디어 이용과 채택에 영향을 미치는 요인

뉴미디어의 채택과 관련된 요인에는 인구사회경제적 변인, 기술혁신의 특성 변인, 심리적 변인, 사회구조적 변인, 매체적 특성 변인 등이 있으며, 이들 요인들이 상호작용하면서 채택에 영향을 미친다고 할 수 있다(박광순, 2004).

인구사회경제적 측면에서는 전통적으로 뉴미디어의 소비는 젊은 층을 중심으로 이루어지고 있으며, 특히 경제적으로 안정된 젊은 계층의 디지털 미디어 채택률이 높게 나타나고 있다. 교육과 소득 변인의 연관성은 연구자에 따라 상이한 결과를 보이는 경향이 있다.

기술혁신의 특성 변인은 '개혁 확산 이론'에서 제시하고 있는 여러 가지 개혁의 속성들에 의해 신매체의 채택이 달라지는 경우를 말한다. 심리적 변인은 혁신에 대한 호의적인 태도 수준이 높은 수용자가 새로운 미디어를 채택할 가능성이 높으며, 더 빨리 채택한다는 것이다. 심리적 변인과 관련된 내용은 '이용과 충족 이론'을 적용한 연구에서 많이 다루고 있다. 사회구조적 변인은 주로 미디어 환경에 관련된 요인을 말한다. 주로 기존 미디어 이용량에 따라 뉴미디어의 이용량이 어떻게 달라지는가를 분석하고 있다. 컴퓨터를 많이 이용하는 사람들일수록 TV 시청량은 적은 것으로 나타났으며(Perse & Dunn, 1998), 신문과 라디오의 이용률이 높게 나타났다.

매체적 특성 변인으로는 기존 매체와 차별화할 수 있는 신매체의 다양한 특징에 대한 분석에 초점을 맞추고 있다. 박광순(2004)은 디지털 위성방송의 매체적 특징으로 다양성, 오락성, 상호작용성, 고품질, 난시청 해소, 전문 프로그램, 프로그램의 패키지화, 24시간 방송, 오디오 채널, 추가 선택 프로그램 등을 들고 있다.

개혁 확산 이론

에버렛 로저스(Everett M. Rogers, 1931~2004)는 1962년 그동안의 정보 흐름 연구 결과들을 모아 '개혁 확산 이론(Diffusion of Innovation Theory)'을 개발했다. 이후 확산 연구는 새로운 개혁 – 새로운 사고, 실천, 대상 – 이 사회 체계 내에서 어떻게 알려지고 퍼져 나가는지 그 사회적 과정을 탐구하는 '개혁 확산' 연구로 발전했다. 로저스는 그의 서서 『개혁의 확산』(1983)에서 개혁이란 '개인 혹은 개혁을 채택하는 주체에 의해 새로운 것으로 지각되는 사고, 실천, 혹은 대상'이라고 정의했다. 즉 불확실성 개념과, 섀넌과 위버(Shannon & Weaver)의 정보 이론을 사용해 개혁은 기존 방법이나 사고에 대해 대안을 제시함으로써 일종의 불확실성을 야기하는 것이라고 본 것이다.

'개혁 확산 이론'을 개발한 에버렛 로저스(Everett M. Rogers, 1931~2004) ⓒ 커뮤니케이션북스

로저스는 개혁 채택률에 영향을 미치는 요인들은 다음과 같은 것들이 있다고 설명한다.

- 상대적 이익(relative advantage): 개혁이 기존의 것보다 더 좋게 인식되는 정도를 말한다.
- 일치성(compatibility): 개혁이 과거의 경험이나 가치와 얼마나 유사하거나 일치하고 있는가에 대한 인식의 정도를 말한다.
- 복잡성(complexity): 개혁에 대한 어려움의 인식 정도를 말한다.

- 시험 가능성(triability): 개혁이 실제로 시험되고 있는 정도를 말한다.
- 가시성(observability): 개혁의 결과가 다른 사람에게 어느 정도 쉽게 보여지는가에 대한 인지도를 말한다.

커뮤니케이션의 2단계 이론은 매스 미디어의 메시지가 의견지도자에게서 일반인에게로 전달된다고 주장한다. 이는 주로 개인이 어떻게 정보를 받아 다른 사람에게 전하는가에 관심을 갖는 반면, 확산 과정은 개혁이 채택 혹은 거부되는 마지막 단계에 중점을 둔다는 점이 다르다.

채택의 속도와 시기

한편 로저스는 개혁의 채택 속도에 따라 다음과 같이 집단을 구분하기도 했다(Rogers, 1983).

- 혁신자(Innovators): 모험을 좋아하고, 새로운 아이디어를 시도하려 하며, 동료들보다 더 폭넓은 인간관계를 가진다.
- 조기 채택자(Early Adopters): 존경받는 지역 인사들로서 사회적 지위가 높은 여론 지도자다.
- 조기 다수자(Early Majority): 신중하고 동료들과 상호작용이 많지만 지도자 위치에는 있지 않은 사람들

이다.

- 후기 다수자(Late Majority): 의심이 많고 경제적 요구나 압력 때문에 어쩔 수없이 개혁을 채택하는 사람들이다.
- 지체자(Laggard): 보수적이고 거의 고립화된 사람이며, 준거 시점이 대개 과거에 있는 사람이다.

로저스에 의하면, 전체 구성원 2.5%가 먼저 새로운 개혁을 채택하는 혁신자 그룹에 속하고, 다음 13.5%가 조기 채택자, 그리고 34%가 조기 다수자, 이어서 34%가 후기 다수자, 그리고 나머지 16%가 지체자 그룹에 속한다. 그는 이후의 연구에서 뉴미디어의 수용도 일반적인 개혁 확산의 이론에서 제시하는 시기와 범주가 유사하다는 사실을 입증했다. 뉴미디어를 일찍 채택하는 개혁자나 조기 채택자들은 일반적으로 교육 수준이 높고, 전문적인 활동을 하는 등 사회경제적 지위가 높은 것이 특징이다. 개혁 채택의 속도가 늦은 집단에 비해 합리적이고, 변화에 대해 능동적이며, 불확실성에 대한 대응 능력이 뛰어나기도 하다. 이뿐만 아니라 대중매체와 접촉이 잦고, 적극적으로 지식과 정보를 추구하는 커뮤니케이션 행위의 특징을 보이고 있다. 신기술을 조기 채택하는가 후기에 채택하는가에 따라서 두 집단 간에 이용 능력과 정보 활용에서 격차가 발생하게 된다.

기술수용 모형

'기술수용 모형(TAM: Technology Acceptance Model)'은 개인의 정보 시스템 수용에 영향을 미치는 요소를 설명하기 위해 가장 폭넓게 사용되고 있는 모형이다. 로저스의 뉴미디어 기술 채택 요인 연구를 이용자의 관점에서 더욱 확장시킨 것이 프레드 데이비스(Fred D. Davis, 1989) 등이 제시한 '기술수용 모형'이며, '정보기술수용 모형'으로 불리기도 한다.

'기술수용 모형'은 확산 이론의 채택 요인인 '상대적 이점' 대신에 '지각된 유용성(perceived usefulness)'이라는 요인을, '복잡성' 대신에 '지각된 사용의 용이성(perceived ease of use)'이라는 요인을 제시했다(주정민, 2004). 지각된 유용성이란 사람들이 특정한 기술이 자신의 작업 성과를 높여 줄 것이라고 믿는 정도를 의미하며, 지각된 사용의 용이성은 사람들이 기술이 특정한 노력을 줄여 줄 것이라고 믿는 기대 정도를 의미한다(Davis, 1989; Davis, et al., 1989).

기술수용 모형은 '인지적 효용 이론'에 근거하고 있는

데, 즉 인지적으로 만족도가 커질 경우 수용성이 높아질 것임을 전제하고 있다. 기술의 유용성과 사용의 용이성 등은 테크놀로지의 이용을 설명해 주는 중요한 변인으로서, 국내에서도 아바타 이용 연구(정동훈, 2004)나 인터넷 이용 연구(윤승욱, 2004)에서 이와 같은 기술수용 모델의 이론적 유용성이 잘 나타나고 있다.

그러나 기술수용 모형은 미시적인 기술에만 초점을 두기 때문에 기술이 수용되는 거시적이고, 맥락적인 환경을 간과하고 있다는 비판을 받으면서, 1990년대 후반부터는 원래의 모형을 수정 · 보완한 연구들이 등장했다. 정보통신기술에 대한 수용성이 개인의 합리적인 지각 차원에서 이루어지기보다는 국가 수준, 조직 수준, 또는 집단 수준의 문화에 의해서 결정된다는 관점이 추가된 것이다.

참고문헌

김신동(2001). 호모 텔레포니쿠스의 등장: 이동전화확산에 영향을 준 사회문화적 연구. ≪한국언론학보≫ 45권 2호, 62~85.

김영용 · 김성욱(2002). HDTV 조기확산에 관한 연구: 조기 수용자와 잠재 수용자의 비교. ≪한국방송학보≫ 16권 3호, 75~104.

김유정(2202). 미디어선택과 이용에 따른 이용자의 미디어에 대한 태도분석: 이동전화메시지를 대상으로. ≪한국방송학보≫ 16권 3호, 105~135.

김진영(2004). 미디어채택에 관한 연구: 전통적 미디어에 대한 인터넷

이용의 영향을 중심으로. ≪한국언론정보학보≫ 24호
나은영(2001). 이동전화 채택에 영향을 미치는 이동전화 커뮤니케이션의 매체적 속성에 관한 연구. ≪한국언론학보≫ 45권 4호, 189~228.
박광순(2004). 디지털위성방송의 초기수용자 특성에 관한 연구. ≪한국언론학보≫ 48권 1호, 84~111.
박종민(2003), 휴대전화, 인터넷, 텔레비전의 미디어속성차이와 이용동기 요인 연구. ≪한국언론학보≫ 47권 2호, 221~249.
산업연구원(2004.6). 디지털 TV 전송방식 변경의 경제적 영향연구.
안형택(2005.3). Wibro 서비스의 시장 위상과 수요 분석. ≪정보통신정책연구≫ 169~188.
오미영 · 정인숙(2005). 『커뮤니케이션 핵심 이론』. 커뮤니케이션북스.
유효식 · 최훈 · 김진우(2002). 정보가전의 기술수용에 관한 실증적 연구-양방향 TV 사례를 중심으로. ≪경영정보학연구≫ 12권 2호.
윤승욱(2004). 모바일 인터넷의 수용결정요인에 관한 연구: 정보기술수용 모형을 중심으로. ≪한국언론학보≫ 48권 3호, 274, 301.
이준호(2003). 디지털방송기술채택에 영향을 미치는 요인에 관한 연구. ≪한국방송학보≫ 17권 3호, 87~120.
정동훈(2004). 아바타 아이템 구매의 심리학적 분석. ≪한국언론학보≫ 48권 6호.
주정민(2004). 디지털TV 채택 요인에 관한 연구. ≪방송연구≫ 2004년 겨울호, 199~225.
한세억(2002). 정보화의 경로의존성에 관한 연구. ≪정보사회연구≫ 2002년 봄, 1~29.
황주성 · 유지연(2004). 제2세대 인터넷에 대응하는 정보격차해소 정책의 방향과 과제. KISDI 이슈리포트.

10

정보 격차 이론

'정보 격차 이론(Information Gap Theory)'은 개인들의 뉴미디어 이용과 채택의 결과가 사회적으로 어떠한 효과를 가져오고 있는가를 '정보 격차'라는 측면에서 설명하는 이론이다. 대체로 사회경제적 상위 계층은 하위 계층에 비해 더 빠른 속도로 정보를 받아들여 시간이 흐를수록 계층 간 정보 격차가 커진다는 것이다. 최근에는 디지털 시대의 지식 격차를 가리켜 '디지털 디바이드(digital divide)'라는 개념으로 설명하고 있다.

지식 격차 가설

'정보 격차 이론'은 1970년대 미국의 커뮤니케이션 학자 티치노 등(Tichenor, Donohue, & Olien, 1970)이 매스 미디어의 효과와 관련해 제시한 '지식 격차 가설(Knowledge Gap Hypothesis)'로부터 시작된다. 사회 체계에 유입된 매스 미디어 정보가 증가하면 비교적 사회경제적 지위가 높은 계층은 지위가 낮은 집단보다 빠른 비율로 정보를 습득하는 경향이 있다는 것이다. 그리고 이러한 집단 간의 지식 격차는 감소하기보다는 그 격차가 증가하는 경향을 보인다고 설명한다. 즉 지식 격차 가설이란 사회경제적 상위 계층은 하위 계층에 비해 더 빠른 속도로 정보를 받아들여 시간이 흐를수록 부유층과 빈곤층의 격차가 더욱 벌어진다는 내용의 이론적 가설이다.

지식 격차 가설에서 독립변인은 사회경제적 지위, 흔히 말하는 인구통계학적(Social Economic Status, SES) 변인이며, 종속변인은 정보의 양이라고 할 수 있다. 매스 미디어 정보가 사회체제로 확산되면서 그 체제 내에서 사회경제적 지위가 높은 사람들(high SES)은 낮은 지위에 있는 사람들(low SES) 보다 정보를 더 빠른 속도로 습득할 수 있게 되고, 이 결과 사회가 발달할수록 두 계층 간의 지식 차이가 좁아지는 대신 오히려 증가하게 된다.

'지식 격차 가설'을 처음 주장한 필립 티치노(Phillip J. Tichenor, 1931~) ⓒ 커뮤니케이션북스

미국 정부가 1969년 빈곤 계층의 미취학 어린이들을 위한 프로그램으로 기획했던 〈세서미 스트리트〉에 대한 연구 결과에서도 지식 격차 가설이 입증된 바 있다. 즉 똑같은 프로그램을 동일한 시간 동안 보더라도 부유한 집안의 어린이들이 빈곤 계층 어린이보다 프로그램에서 더 많은 것을 얻었다는 것이다.

그러나 인구통계학적 변인이 항상 정보의 양을 좌우하는 것은 아니며, 정보의 유형에 따라 다른 결과를 가져올 수도 있다. 예를 들면 덜 알려진 주제보다는 널리 알려진 공적 주제에서 인구통계학적 변인과 정보량과의 상관관계가 더 높게 나타난다. 1970년 티치노 등은 SES가 낮은 집단(저교육집단)이 공적 이슈에 대해 무지하다는 점을 발견하고, 지속적인 캠페인의 효과가 그다지 높지 않은 이유가 여기에 있다고 주장했다. 보통 사람들은 매스 미디어가 많이 다룬 토픽을 지식으로 얻게 되지만, 고학력자들은 매스 미디어가 다루지 않은 정보도 많이 보유한다는 것이다. 그는 고학력자들이 다음과 같은 특징을 갖고 있다고 설명했다.

- 다양한 분야의 광범위한 지식을 갖고 있다.
- 보다 많은 관심, 이해, 기억, 커뮤니케이션 능력을 가지고 있다.
- 오락 중심적 전자 매체보다 정보 중심적 인쇄 매체에 관심을 갖고 있다.

지식 격차 가설의 사회적 의미

티치노의 주장대로라면 정보를 잘 제공받은 민주시민이 사상의 자유 시장에서 진실을 선택할 것이라는 민주주의 가정이 무너지게 되는 것이다. 지식 격차 가설대로라면 정보 미디어가 확산될수록 미디어 부자(media rich)가 사회의 파워 집단으로 자리 잡고, 미디어 빈자(media poor)

집단은 불이익을 받게 되며, 사회 균열이 커지게 되기 때문이다.

'지식 격차 가설'은 커뮤니케이션 영역에서 흔치 않은 프로그램적 연구(programmatic research), 즉 한 연구 결과가 문제를 제기하면 다른 연구자가 그에 답하기 위해 도전하는 식의 릴레이 연구로 진행해 왔다는 점이 특징이다. 1970년대에 문제를 제기했던 원래의 연구자들은 주로 농촌사회학과 저널리즘 분야 연구자들로서 그들은 지식격차를 줄일 수 있는 몇 가지 대안을 제시했다.

- 이슈의 유형: 실제로 사람들의 관심을 얻는 이슈가 따로 있으므로 그런 방식으로 형태화할 필요가 있다. 즉 특정 커뮤니케이션 캠페인의 목표 수용자를 명확하게 설정하고, 메시지를 해당 수용자 집단에 맞게끔 재구성하는 것이다.
- 커뮤니티의 크기와 유형: 커뮤니티의 규모가 작고, 농촌 지역이, 동질성 있는 지역에서는 지식 격차가 적은 반면, 복합적인 하위문화를 가진 도시는 격차가 크다. 따라서 사람들로 하여금 집단적 활동에 참여할 수 있도록 기회를 부여한다.
- 미디어의 이슈보도량과 형태: 미디어가 이슈를 얼마나 많이 어떤 형태로 보도했는가: 흡연과 폐암의 상관

관계는 뉴스에서 자주 다뤄 격차가 적은 반면, 성폭력 사건에 대해서는 지식 격차가 크게 나타났다. 더글라스 맥리오드와 엘리자베스 퍼스(Douglas McLeod and Elisabeth M. Perse, 1994)는 언론인들이 제시하는 정보의 유용성을 강조함으로써 지식 격차를 줄일 수 있다고 주장했다.

- 갈등적 이슈: 경찰의 야만성과 같은 갈등적 이슈는 지식 격차가 적은 반면, 도시 개발에 대해서는 지식 격차가 크게 나타났다.

한편 지식 격차 가설과 상치되는 연구 결과들도 나타났는데, 선거 관련 정보는 오히려 부정적 의견을 유포시키는 결과를 가져온다거나, 1991년 걸프전은 사회경제적 지위가 낮은 집단에게 많은 지식을 제공해 준 특별한 사례로 연구되기도 했다. 이는 1990년대 이후부터 TV가 정치 과정에 미치는 역할이 바뀌기 시작했음을 의미하는 것이다.

또한 비정치적 이슈를 대상으로 한 지식 격차 연구도 행해졌으며, 사회경제적 지위변인과 정보량이라는 변인 사이에서 작용하는 새로운 중개 변인도 언급되었다. 예를 들면 사회경제적 지위가(교육)→ 정보에 대한 인지된 능력(관심, 동기)에 영향을 미치고 → 다시 이용 매체(채널)

에 영향을 미치고 → 이것이 정보량에 영향을 준다는 것이다. 이외에도 저장된 지식이나 정보 처리 능력을 뜻하는 스키마(schemata)에 따라 새로운 정보를 받아들이는 능력이 달라진다는 연구 결과도 제기되었다.

매스 미디어와 지식 격차의 관계에 대한 연구들은 초기에는 교육 수준이나 경제적 수준과 같은 사회경제학적 요인에 따라 상이한 계층 간 지식 격차가 점차 커질 수 있다는 가설에서 출발했다. 그러나 점차 다른 요인들에 의한 지식 격차의 증대 혹은 감소의 가능성을 입증하기 위한 연구들이 나타났다. 여기서 다른 요인들이란 사회 혹은 지역공동체가 갖는 사회구조적인 특성, 정보를 제공하는 매체의 특성과 그러한 매체가 제공하는 정보(또는 토픽, 이슈 등), 그리고 매체 이용자가 처해 있는 사회문화적 상황, 사회적 관심, 인센티브 등을 말한다. 이러한 요인들에 의해서도 지식 격차(혹은 정보 격차) 현상 및 그에 대한 논의가 매우 다양하게 드러날 수 있다는 것이다(강홍렬 외, 2002).

디지털 디바이드

OECD의 정의에 따르면, 디지털 디바이드는 '정보 통신에의 접근 가능성 및 인터넷 사용과 관련해 서로 다른 사회경제적 수준에서 나타나는 개인 간, 가정 간, 기업 간, 지역 간의 격차'다. 2001년 1월 16일 제정된 정보격차해소에 관한법률(제2조 제1항 제1호)'에 의하면 '정보격차란 경제적, 지역적, 신체적 또는 사회적 여건으로 인해 정보통신망을 통한 정보 통신 서비스에 접근하거나 이용할 수 있는 기회에서의 차이'라고 정의하고 있다.

2003년 1월 미국의 반도체 생산업체인 AMD 산하 GCAB(Global Consumer Advisory Board)에서는 10년간에 걸쳐 세계 주요 8개국의 디지털 정보 격차를 분석한 결과 보고서를 발표했다. 8개국에는 한국을 포함해 미국, 영국, 독일, 이탈리아, 일본, 중국, 멕시코가 선정되었으며, 세계 인터넷 인구의 68%가 이들 나라에 집중되어 있는 것으로 나타났다.

이 보고서에서는 디지털 격차의 개념을 접근(access)과 이용(use)이라는 개념으로 구분하고, 이를 다시 기술적인 것과 사회적인 것으로 나누었다. 이 중에서 '기술적인 접근'은 정보 격차를 가져오는 가장 중요한 부분으로 각국이 정보 격차의 해소에 가장 역점을 두고 있는 부분도 바로 이 부분이다. '기술적인 리터러시'는 개인적인 커뮤니케이션 능력의 문제라고 할 수 있다. 인쇄 매체 시대에 글을 모르면 문맹(文盲)이 되듯이 디지털 시대에 디지털 미디어를 모르면 맹인의 수준이 되는 것이다. 즉 미디어 리터러시는 좀 더 유능한 시민이 되기 위해 미디어를 적극적으로 활용하면서 분석하고 확대해 영향력을 발휘하는 능력인 셈이다. '사회적 접근'은 흔히 말하는 사회경제적 변수들로서 수입이나 인종, 언어 등이 포함된다. '사회적 이용'에는 개인의 정보 욕구나 이를 활용할 수 있는 가능성으로서 사회적 수용 등의 개념이 들어 있다.

참고문헌

강인규(2004). NBER의 정보격차 결정요인 분석. ≪정보통신정책≫ 2004. 10. 1.

강진숙(2002). 인터넷 네트워크의 정보격차 현황과 대응 정책 연구: 미국과 독일의 사례를 중심으로. ≪한국언론학보≫ 46권 4호, 5~45.

강홍렬 · 차남경 · 강상현 · 김은미(2002.12). 『정보격차의 사회경제적 함의』. 정보통신정책연구원.

나은영(2002). 여성의 뉴미디어 이용과 가치관: 이동전화와 인터넷을 중심으로. ≪한국방송학보≫ 16권 2호, 77~115.

오미영 · 정인숙(2005). 『커뮤니케이션 핵심 이론』. 커뮤니케이션북스.

유지연(2003). 디지털 정보격차의 재정의와 주요국 현황. ≪정보통신정책 ≫ 2003. 12. 1.

윤석민 외(2004). 이동전화격차. ≪한국언론학보≫ 48권 3호, 354~378.

한국방송영상산업진흥원(2003). 『디지털 디바이드 해소와 방송』.

Baran, S. J. & Dennis K. Davis(2003). *Mass Communication Theory*.(3rd ed.). Toronto: Wadsworth/Thomson.

Griffin, E.(2004). *A First Look at Communication Theory* (5th ed.). Boston: McGraw-Hill. 366~377.

Stone, G., M. Singletary, W. Richmond(1999). *Clarifying Communication Theories: A Hands-On Approach*. Iowa State University Press. 155~157, 219~230.

정인숙

가천대학교 신문방송학과 교수다. 한국외국어대학교 신문방송학과를 거쳐 고려대학교와 한국외국어대학교에서 석사 및 박사학위를 받았다.

방송위원회와 청운대학교 방송영상산업학과에 재직했으며, 한국언론학회 감사, 한국방송학회 부회장, 한국언론정보학회, 한국커뮤니케이션학회, 한국여성커뮤니케이션학회의 이사를 역임했다.

저서로 『현대매스 미디어의 이해』(공저, 2004), 『커뮤니케이션 핵심 이론』(공저, 2005), 『방송정책이론과 방법론』(2007), 『방송산업과 정책의 이해』(2009) 등이 있으며, 논문으로 "IPTV도입과정에 대한 지대추구론적 분석"(2009), "국내 디지털전환 시범사업성과에 대한 거버넌스적 접근의 함의"(2011), "케이블TV SO의 지역채널 운영 및 재허가 심사에 관한 연구"(2011) 등이 있다.